BEGINNING READER

Lies mit mir! 1

HOLT, RINEHART AND WINSTON

A Harcourt Education Company

Austin • Orlando • Chicago • New York • Toronto • London • San Diego

Prepared by:
George Winkler

Printed in the United States of America

ISBN 0-03-065637-0

15 018 10 09 08

To the Student

You might think that reading is a passive activity, but something mysterious happens as you read. The words on a page enter your mind and interact with whatever else happens to be there—your experiences, thoughts, memories, hopes, and fears. If a character says, "I had to run away. I had no choice," you might say, "Yeah, I know what that feels like." Another reader, however, may say, "What is he talking about? You always have a choice." We all make our own meaning depending on who we are. Here are some of the ways we do that:

1. **We connect with the text.** We might think, "This reminds me of something," or "I once did that."

2. **We ask questions**. We ask about unfamiliar words, or about what might happen next, or about a character's motivation.

3. **We make predictions.** We may not realize that we are making predictions as we read, but if we've ever been surprised by something in a story, that means we had predicted something else.

4. **We interpret.** We figure out what each part of a story means and how the parts work together to create meaning.

5. **We extend the text.** We extend the meaning of a story to the wider life around us, including actual life, films, and other stories.

6. **We challenge the text.** We might feel that a character is not realistic, or that the plot is poor, or that we don't like the writing.

Experienced readers develop reading skills that help them do all these things. As you read through **Lies mit mir!** you will encounter many kinds of texts: fairy tales, fables, short stories, anecdotes, articles found in magazines, poems, verses, songs, sayings, quotations, jokes, riddles, tongue twisters, memory games, and more. Some of them you will be able to read right away others will require more effort on your part. Each text comes with pre-reading and during-reading strategies, as well as post-reading activities. These will help you decode the text quicker and better understand its meaning, and therefore enjoy it more!

Table of Contents

Kapitel 1

Kapitel 2

Kapitel 3

Kapitel 4

Kapitel 5

Kapitel 6

Kapitel 7

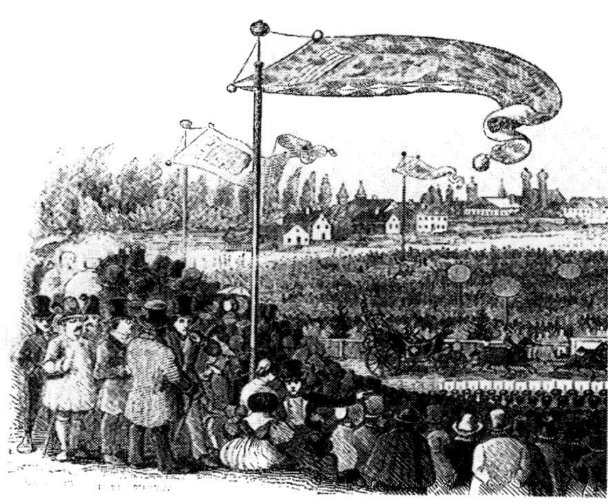

Kapitel 8

Kapitel 9

Kapitel 10

Kapitel 11

Kapitel 12

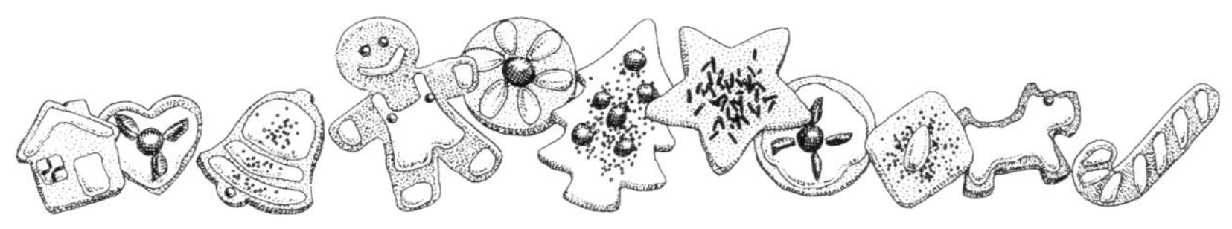

Kapitel

1 *Vor dem Lesen* Rumpelstilzchen

Using Illustrations as Clues Certain clues help you determine in advance what the reading might be about. Before you read a text, look at the title and at any visual clues, such as illustrations or photos, as well as the format of the text. Often these clues alone provide you with enough information to figure out what the text is about.

Übung

1. Look at the illustrations.
2. Identify the characters and determine who they are and what they are doing.
3. Based on the illustrations, guess what the story is about.
4. What genre do you think this story belongs to?

Wilhelm und Jacob Grimm

Using Cognates to Determine Meaning When reading a German text you will come across words that look like English words. Such words are called *cognates,* which means "words coming from the same root." Identifying cognates makes comprehension of a text much easier.

Übung

Match the German words with their English counterparts.

1. Land	**6.** Armband	**a.** house	**f.** man
2. Mann	**7.** Haus	**b.** jump	**g.** sing
3. spinnen	**8.** Feuer	**c.** fire	**h.** land
4. Gold	**9.** springen	**d.** gold	**i.** old
5. alt	**10.** singen	**e.** bracelet	**j.** spin

Landeskunde

The Grimm brothers, Jakob Grimm (1785-1863) and Wilhelm Grimm (1786-1859), both studied history and philosophy at the University of Marburg. Later on, they became interested in German legends and fairy tales. In 1812 they jointly published the first volume of *Kinder- und Hausmärchen,* which was to become extremely popular not only in Germany, but also in many other countries throughout the world.

Beim Lesen

Look at the drawings that accompany this fairy tale. Do you remember having read it? Think of some other fairy tales you have read.

A. What is the girl's name and where does she live?

B. What does the man say to the king?

C. Why does the girl cry?

D. What is the dwarf asking?

Rumpelstilzchen

Auf dem Land wohnt ein Mann mit seiner Tochter. Sie heißt Maria. Sie ist ein schönes[1] Mädchen.

Auf dem Land wohnt auch ein König. Er ist jung und schön. Der junge König ist allein, und er sucht eine Frau[2].

Da sagt der Mann: „Meine Tochter spinnt gut. Sie spinnt Stroh zu Gold. Hier ist sie."

Der König sagt zu Maria: „Du spinnst das Bund Stroh[3] zu Gold, oder du stirbst[4]!" Das schöne Mädchen kann das nicht. Sie weint[5] und weint.

Da kommt ein kleiner Zwerg. Er ist so alt und nicht schön. „Warum weinst du, schönes Mädchen?"

„Ich muss das Stroh zu Gold spinnen, oder ich sterbe. Und ich kann das nicht!"

Da fragt der kleine Zwerg: „Was gibst du mir, wenn[6] ich das Stroh zu Gold spinne?"

1 beautiful **2** he is looking for a wife **3** bundle of straw **4** or you'll die **5** she cries **6** what will you give me if

Beim Lesen

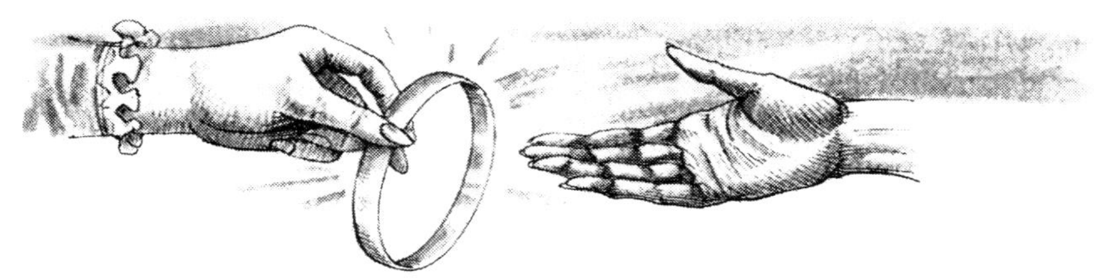

„Mein Armband", sagt das schöne Mädchen. Und spinn, spinn, spinn. Der Zwerg spinnt das Stroh zu Gold.

Der König ist glücklich[1]. „Hier ist ein Zimmer[2] voll Stroh. Wenn du das Zimmer voll Stroh zu Gold spinnst, wirst du[3] meine Frau!"

Das Mädchen kann das nicht. Sie weint und weint. Da kommt der kleine Zwerg ins Zimmer. „Was gibst du mir, wenn ich das Stroh zu Gold spinne?"

„Ich habe nichts[4]!" weint das Mädchen. „Ich habe nichts."

E. Why does Maria give the dwarf her bracelet?

F. When will Maria become the king's wife?

Da sagt der alte Zwerg: „Wenn du Königin bist, gibst du mir dein erstes Kind."

G. What must Maria give the dwarf?

Das Mädchen ist verzweifelt[5]. „Ja, ich gebe dir mein erstes Kind." Und spinn, spinn, spinn. Der alte Zwerg spinnt das Zimmer voll Stroh zu Gold. Der König ist glücklich, und er heiratet[6] das Mädchen. Nach[7] einem Jahr kommt das erste Kind zur Welt[8]. Der König und die Königin sind glücklich.

H. What does the king do?

1 happy **2** room **3** you'll become **4** nothing **5** desperate **6** he marries **7** after **8** into the world

Beim Lesen

I. What does the dwarf want now?

J. What must the queen do now?

K. What does the queen say when the dwarf comes back?

Da kommt der Zwerg zur Königin. „Du gibst mir das Kind!" Die Königin weint und weint. Sie gibt dem Zwerg alles[1], aber nicht das Kind.

„Gut", sagt der Zwerg. „Das Kind ist dein, wenn du sagst, wie ich heiße. Ich komme dreimal[2] zu dir."

Die Königin denkt die ganze Nacht[3]. Wie heißt der Zwerg?

„Nun, Frau Königin, hier bin ich. Wie heiße ich?"

Die Königin nennt alle Namen. „Heißt du Franz? Heißt du Peter? Heißt du vielleicht[4] Augustin?"

„Nein, so heiße ich nicht!"

Die Königin weint. Wie heißt der Zwerg nur? Sie fragt überall[5], wie Zwerge heißen.

Da kommt der Zwerg das zweite Mal[6]. „Nun, Frau Königin, wie heiße ich?"

Die Königin nennt die ungewöhnlichsten[7] Namen. „Heißt du vielleicht Rippenbiest? Oder Hammelwade? Oder Schnürbein vielleicht?"

„Nein, Frau Königin, so heiße ich nicht!"

Da schickt[8] die Königin einen Boten durchs Land. Der Bote !

1 everything **2** three times **3** all night **4** perhaps **5** everywhere **6** the second time **7** the most unusual **8** sends

fragt überall, wie Zwerge heißen. Da kommt er in einen dunklen Wald[1]. Da ist ein kleines Haus. Ein Feuer brennt, und ein Zwerg springt und singt:

„Heute back ich, morgen brau ich,*
übermorgen hol ich der Königin ihr Kind.
Ach, wie gut, dass niemand weiß,
dass ich Rumpelstilzchen heiß."

Beim Lesen

L. What does the messenger do?

M. What does the messenger see and hear in the forest?

Der Bote kommt zur Königin. Er erzählt[2] von dem Zwerg. Die Königin ist glücklich.

Da kommt der Zwerg das dritte Mal[3]. „Nun, Frau Königin, wie heiß ich?"

„Heißt du Kunz?" – „Nein." – „Heißt du Hinz?" – „Nein." – „Heißt du vielleicht Rumpelstilzchen?"

Da schreit der Zwerg vor Zorn und reißt sich entzwei[4].

NACH: DIE GEBRÜDER GRIMM

N. Why is the queen happy now?

O. Is the dwarf happy? What does he do?

*Today, my cake I bake, tomorrow my brew I make,
the next day the child from the queen I take.
Oh, how good that no one knows
that Rumpelstilzchen is my name

1 into a dark forest **2** he tells about **3** the third time **4** He screams with rage and tears himself in two

Nach dem Lesen
Übungen

Welche Antwort passt? *Which is the best answer?*

1. Der Mann auf dem Land hat:
- **a.** eine Königin
- **b.** eine Tochter
- **c.** einen Zwerg

2. Der König sucht:
- **a.** Gold
- **b.** den Zwerg
- **c.** eine Frau

3. Was muss Maria tun? Sie muss:
- **a.** den König heiraten
- **b.** Stroh zu Gold spinnen
- **c.** sterben

4. Warum weint Maria?
- **a.** Sie kann das nicht.
- **b.** Sie ist glücklich.
- **c.** Sie hat das Armband nicht.

5. Der König sagt: „Du spinnst das Stroh zu Gold,
- **a.** und du musst sterben."
- **b.** und du musst den Zwerg suchen."
- **c.** und du wirst meine Frau."

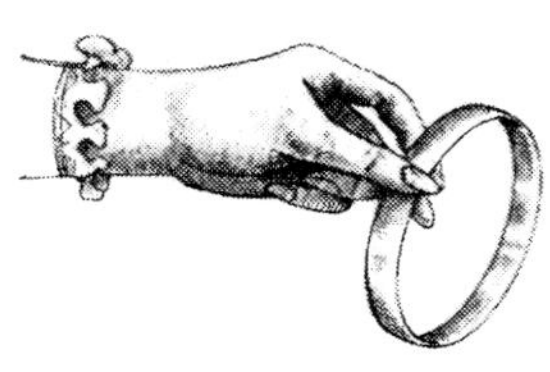

6. Der Zwerg sagt: „Was gibst du mir, wenn ich das Stroh zu Gold spinne?" – Das Mädchen sagt:
- **a.** „Mein Zimmer."
- **b.** „Mein Armband."
- **c.** „Mein Stroh."

7. Der Zwerg kommt wieder und sagt: „Was gibst du mir, wenn ich das Stroh zu Gold spinne?" Sie sagt:
- **a.** „Ein Zimmer voll Stroh."
- **b.** „Mein erstes Kind."
- **c.** „Meinen Mann, den König."

8. Die Königin will ihr Kind nicht dem Zwerg geben. Sie muss jetzt sagen,
- **a.** wo der Zwerg wohnt.
- **b.** wie der Zwerg aussieht.
- **c.** wie der Zwerg heißt.

Wortschatzhilfe *Vocabulary help*

You now know what cognates are. Can you find other cognates in this story that are not listed on page 1? Write them on a piece of paper.

3 Welches Wort passt in die Lücke? *Which word goes in the blank?*

1. Auf dem Land wohnt ein Mann mit seiner _____.
2. Der junge König ist allein, und er sucht eine _____.
3. Der Mann sagt zum König: „Meine Tochter spinnt _____ zu Gold."
4. Das schöne Mädchen kann das nicht, sie _____.
5. Da kommt ein kleiner _____.
6. Er fragt: „Was gibst du mir, wenn ich das Stroh zu Gold _____?"
7. Das Mädchen sagt: „Ich geb dir _____."
8. Der König ist _____ .
9. Er sagt: „Wenn du das Zimmer voll Stroh zu Gold spinnst, ____."
10. Der Zwerg hilft dem Mädchen wieder und sagt: „Wenn du Königin bist, gibst du mir _____."
11. Das Kind kommt zur Welt, der Zwerg kommt und will _____.
12. Die Königin weint. Der Zwerg sagt: „Das Kind ist dein, wenn du mir sagst, _____."
13. Die Königin schickt einen _____ durchs Land.
14. Der Bote findet den Zwerg. Der Zwerg singt: „ _____!"
15. Jetzt weiß die Königin, wie der Zwerg heißt: _____!

Ach, wie gut dass . . . Boten dein erstes Kind Frau
glücklich ihr Kind mein Armband Rumpelstilzchen
spinne Stroh Tochter weint
wirst du meine Frau Zwerg wie ich heiße

Mit deiner Gruppe *With your group*

Rewrite this fairy tale to suit your own imagination. Then assign roles and act it out in class.

Dies und das

1 Das Wort „Stroh"

The word **Stroh** is used in other word combinations.

a. Guess what these words mean:

strohdumm	Er/Sie ist strohdumm.
Strohkopf	Er ist ein Strohkopf.

b. A person whose hair is as blonde as straw is called . . .

c. If a married partner is temporarily absent, perhaps gone on a trip, you call:
eine Ehefrau, die ohne ihren Mann ist – eine Strohwitwe
einen Ehemann, der ohne seine Frau ist – einen Strohwitwer

d. Do you know what a *straw man* is? Look up the term in a dictionary. What do you think you call such a person in German? Das ist ein . . .

2 Ein Vers

Lies diesen Vers. Welches Wort passt in die Lücke?

Eins, zwei, drei,
alt ist nicht neu,
neu ist nicht alt,
warm ist nicht ____
____ ist nicht warm,
reich ist nicht ____
____ ist nicht reich,
hart ist nicht ____.
Füß' sind keine Händ',
's Lied hat ein End!
(aus Allerleirauh)

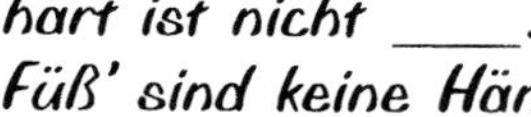

weich
kalt
arm

3 Sprichwörter

Wie heißen diese Sprichwörter im Englischen?

Wer A sagt, muss auch B sagen.
Aller Anfang ist schwer.
Wer fragt, der lernt.
Wie die Frage, so die Antwort.

4 Scherzfrage

Welcher Ring ist nicht rund?

Kapitel

2 Vor dem Lesen
Uli und der Sport

Using Root Words to Form New Words German, like English, uses root words to form new words with related meaning. When you know the root word, you can often guess the meaning of words that are built on that word. In German, such new combinations are most often written as one word. For example, if you know the word **Ball,** you can guess combinations such as **Fußball** or even **Fußballspiel,** a word made up of three different words: **der Fuß, der Ball,** and **das Spiel.** Can you guess the meaning of **Fußball** and **Fußballspiel?**

Übungen

1. Can you guess what the story is about by looking at the illustrations?
2. How many main characters are there in this story?
3. How many cognates can you identify?
4. How many root words can you find? Write them on a piece of paper, and write related word combinations next to them.

Match the root words with their derivatives. Can you guess the meaning of the words?

1. Schule	**a.** Torwart
2. Tennis	**b.** Spiel
3. Tor	**c.** Schüler
4. spielen	**d.** Tennisplatz

Landeskunde

Franz Beckenbauer headed the German National Team.

The game of **Fußball,** or *soccer* in the United States, is the most popular team sport in Germany, as well as in many other countries around the world. On each team there is one goalkeeper and ten field players. Every year, the teams in the top leagues of various countries play for their national championship, in Germany the **Deutsche Meisterschaft,** then the best national teams in Europe play for the **Europameisterschaft,** and every four years there is a **Weltmeisterschaft,** a title that Germany won in 1954, in 1974, and in 1990.

Uli und der Sport

Beim Lesen

What sports do these two boys play? Do you play any of these sports? Maybe you play soccer.

Uli ist elf Jahre alt. Er geht in die Waldschule. Uli geht gern in die Schule. Er ist ein guter Schüler[1]. Er hat viele Freunde.

Aber Uli ist nicht glücklich. Warum ist er nicht glücklich?

Nun, Uli ist gut in Mathematik, Deutsch und Englisch. Uli spielt auch gut Halma, und er gewinnt oft beim Schach. Aber Uli ist nicht gut im Sport.

A. How old is Uli? Where does he like to go?

B. Why is Uli not happy?

Martin und Uli sind Freunde. Heute gehen sie zum Tennisplatz. Sie spielen Tennis. Martin beginnt. Er schlägt[2] den Ball übers Netz.

„Hier kommt der Ball, Uli!" schreit[3] Martin.

„Wo?" fragt Uli.

Uli sieht den Ball nicht. Uli sieht nur das Netz. Ein Punkt für Martin!

C. What are Martin and Uli doing today?

D. What does he not see?

Martin schlägt den Ball wieder[4] übers Netz.

„Hier kommt der Ball, Uli!" schreit Martin.

„Wo?" fragt Uli.

Wieder ein Punkt für Martin.

E. Why does Uli yell "where?"

1 student **2** he hits **3** screams **4** again

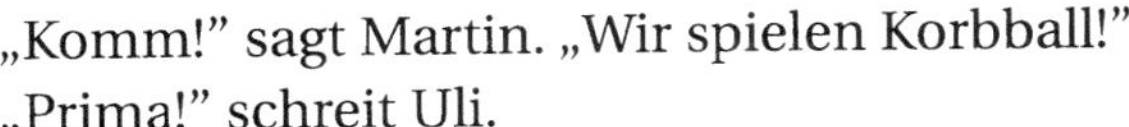

Beim Lesen

F. What do the boys then do?

G. Is Uli a good basketball player?

„Komm!" sagt Martin. „Wir spielen Korbball!"

„Prima!" schreit Uli.

Jetzt wirft Uli. Der Ball geht nicht in den Korb. Der Ball fällt auf Martins Kopf[1].

„Aua!" sagt Martin.

„Entschuldigung!" sagt Uli.

„Komm, Uli!" sagt Martin. „Wir gehen nach Hause[2]. Du bist zu klein für den Sport."

Uli ist sehr traurig[3]. Martin ist auch traurig. Uli ist sein Freund. Die Freunde gehen langsam nach Hause. Sie machen einen Plan.

H. What do the boys then do?

I. Why are they sad?

1 head **2** we're going home **3** sad

Beim Lesen

J. What is happening on Saturday?

K. What are the fans shouting? Why?

L. What does Martin say to the trainer?

M. Why are the fans yelling "**Hurra!**"?

N. Is Uli a good goalkeeper?

O. What are the fans now chanting?

P. Why is Uli happy?

Am Samstag[1] ist das große Fußballspiel in der Waldschule. Martin und Uli gehen auf den Fußballplatz. Martin ist ein guter Spieler.

„Martin kommt! Martin kommt!" schreien die Fans. „Hurra! Wir gewinnen!"

Martin sagt: „Ich spiele nur, wenn Uli spielt."

„Uli?" fragt der Trainer. „Nein, Uli spielt nicht!"

„Dann spiele ich auch nicht", sagt Martin.

„In Gottes Namen", sagt der Trainer, „Uli kann spielen."

Uli ist im Tor[2]. Er ist Torwart. Das Spiel beginnt. Der Fußball kommt. Uli hüpft und fängt[3] den Ball. Die Fans schreien: „Hurra!"

Der Ball kommt wieder. Uli hüpft wieder und fängt den Ball. Uli hüpft wie ein Gummiball[4]. Kein Ball geht ins Tor. Uli fängt alle Bälle. Die Fans schreien und rufen:

„Uli, Uli, hopp, hopp, hopps!
Uli, Uli, du bist topps!"

Uli ist glücklich. Die Waldschule gewinnt. Martin ist auch glücklich.

1 on Saturday **2** goal **3** he jumps and catches **4** rubber ball

Beim Lesen

Q. What are Martin and Uli carrying home?

R. What is Uli doing on the square?

S. Why is Uli so happy now?

Die Freunde gehen nach Hause. Sie gehen langsam. Sie tragen[1] eine Rolle. Die Rolle ist groß und lang. Sie legen die Rolle in Ulis Garage. Dann rollen sie die Rolle aus. Die Rolle ist jetzt ein Viereck[2]. Ein Viereck aus Gummi. Ein TRAMPOLINA-Viereck! Uli hüpft auf das Gummi-Viereck.

„Kick!" ruft Uli. „Los, Martin, kick!"

Martin kickt den Ball. Uli hüpft und fängt den Ball.

„Prima!" schreit Martin.

„Bin ich gut im Sport?" fragt Uli.

„Natürlich[3]!" antwortet Martin. „Uli, du bist prima, du bist super im Sport!"

Margot Paronis

1 to carry **2** a square **3** of course

Nach dem Lesen
Übungen

Welche Antwort passt?

1. Uli ist nicht gut in:
   a. Sport
   b. Mathematik
   c. Halma
2. Was machen Uli und Martin zuerst?
   a. Sie spielen Fußball.
   b. Sie spielen Tennis.
   c. Sie spielen Schach.
3. Uli ist nicht so gut im Tennis; er sieht nur
   a. den Ball.
   b. das Netz.
   c. den Punkt.

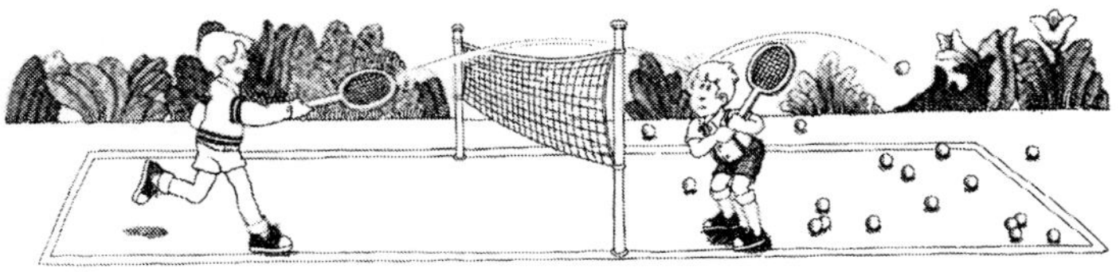

4. Dann spielen die Jungen
   a. Tennis.
   b. Schach.
   c. Korbball.
5. Uli wirft den Ball
   a. auf Martins Kopf.
   b. in den Korb.
   c. übers Netz.
6. Am Samstag ist
   a. die große Waldschule.
   b. das große Fußballspiel.
   c. der große Fußballplatz.
7. Martin sagt, er spielt nur,
   a. wenn der Trainer spielt.
   b. wenn Uli spielt.
   c. wenn die Fans schreien.
8. Uli ist glücklich:
   a. er fängt alle Bälle.
   b. er sieht alle Bälle.
   c. er wirft alle Bälle.
9. Die Waldschule gewinnt,
   a. und alle sind traurig.
   b. und alle sind glücklich.
   c. und alle sind topps.

Wortschatzhilfe

You know now what word combinations are. Can you find at least eight word combinations? Write them down on a piece of paper. Underline the root word.

Welches Wort passt in welche Lücke?

Bälle · Korbball · Fußballspiel · gewinnt · Halma · Kopf · Korb · Mathe, Deutsch und Englisch · nach Hause · Netz · Schach · Sport · Tennisplatz · Tor · Schüler · sieht

1. Uli ist ein guter _____.
2. Uli ist gut in _____.
3. Uli spielt auch gut _____
4. Und er gewinnt oft beim _____.
5. Aber Uli ist nicht gut im _____.
6. Martin und Uli gehen heute zum _____.
7. Martin schlägt den Ball übers _____.
8. Aber Uli _____ den Ball nicht.
9. Dann spielen die Jungen _____.
10. Martin wirft den Ball in den _____.
11. Aber Uli wirft den Ball auf Martins _____.
12. Die beiden Freunde gehen langsam _____.
13. Am Samstag ist das große _____.
14. Uli ist im _____.
15. Uli fängt alle _____.
16. Die Waldschule _____.

Mit deiner Gruppe

Act out the **Fußballspiel** scene in class. Assign roles of the various characters to different classmates.

Dies und das

Ein Reim

Do you remember any rhymes from when you were little? Here is one well-known German children's rhyme.

1 Beim Seilspringen *Jumping rope*

Lies diesen Reim und achte dabei auf die Wörter, die sich reimen. Kennst du ähnliche Reime? *Read this rhyme and pay attention to the words that rhyme. Do you know similar rhymes in English? Write them down.*

Bärlein, Bärlein, hüpft hinein!
Bärlein, Bärlein, heb dein Bein[1]!
Bärlein, Bärlein, mach dich krumm[2]!
Bärlein, Bärlein, tanz herum!

Bärlein, Bärlein, ruh dich aus[3]!
Bärlein, Bärlein, hüpf hinaus[4]!
Bärlein, Bärlein, sag mir doch,
wie viel Jahre leb ich noch?

(Volksgut)

2 Ausreden *Excuses*

Typisch Jungen

Martin und Uli haben beim Fußballspielen die Zeit vergessen.
„Du, Martin, wir müssen nach Hause! Es ist schon acht Uhr, und Mutti erwartet uns schon um sieben Uhr! Wir bekommen bestimmt wieder Prügel[5]!"
„Ach, Uli, ich hab 'ne Idee: Wir spielen noch eine Stunde, und wenn wir dann nach Hause kommen, bekommen wir einen Kuss, weil uns nichts passiert ist[6]!"

3 Tausendfüßler-Witz

Fußballweltmeisterschaft der Tiere: Elefanten gegen Käfer. Halbzeit 8:1 für die Elefanten. In der Pause wechseln die Käfer einen Spieler aus[7] – gegen einen Tausendfüßler. Der schießt ein Tor nach dem andern. Am Ende: 12:8 für die Käfer. Da fragt ein Fan den Käfer-Trainer: „Warum hat der Tausendfüßler erst so spät gespielt?"
„Ja, das geht nicht anders", antwortet der Trainer. „Der Tausendfüßler braucht immer so lange, bis er seine Schuhe anhat."

1 raise your leg **2** bend down **3** rest **4** jump up high **5** a spanking **6** because nothing happened to us **7** substitute

Kapitel

3 *Vor dem Lesen* Wo wir wohnen, wie wir heißen

Using Context to Guess Meaning When you run across a word you do not know, you can often use the context—the surrounding words—to figure out the meaning of the word. You already use this strategy in your own language. For example, you may not know the word "idyllic," but when you see it in this sequence, "The area is quiet and idyllic, and the farmers' fields are fertile," you can easily guess the meaning of this word.

Übungen

Supply an appropriate term for each sentence.

1. More and more families settle here, and the village keeps growing and _____.
2. Every child has a name now, a first name and a _____.
3. Every child has a different name now, and one can easily _____ them from each other.

Match the following German words and guess the meaning of each of the occupations.

1. er macht Schuhe	**a.** Bamberger
2. er bäckt Brot	**b.** Fischer
3. er fischt Fische	**c.** Frankfurter
4. er kommt aus Bamberg	**d.** Schuhmacher
5. er kommt aus Frankfurt	**e.** Bäcker

Landeskunde

It is interesting to find out where our family names came from. Many people have done their own research. Now there are a number of sites on the Internet that list the origins of names in different countries. The origin of some names is easier to explain than others. Can you guess what these German last names might indicate? Dresdner, Klein, Eriksen, Wagner, Waldheimer.

Beim Lesen

Do you know where your ancestors came from, or do you know anything about the origin of your family name?

A. How many years do we go back in time?

B. Where do the three farm families live?

C. What are the names of the three farmers?

Wo wir wohnen, wie wir heißen

Wir gehen jetzt viele hundert Jahre zurück, und wir kommen in einen kleines Dorf[1], ein Dorf wie Holzhausen.

In dem Dorf sind nur drei Häuser. Nicht mehr. Sie liegen so ruhig und so ideal, nicht weit von einem Wald entfernt[2]. In jedem Haus wohnt eine Familie. Drei Bauernfamilien haben hier ihre Felder, und die sind sehr fruchtbar.

Die drei Bauern[3] müssen jeden Tag lange arbeiten, und die Arbeit ist nicht leicht.

Nun, möchtet ihr nicht etwas über die drei Bauernfamilien hören?—Das ist einfach! Jeder Bauer hat nur einen Namen. Der eine Bauer heißt Peter, der zweite Bauer heißt Johannes und der dritte heißt Stefan.

Jede Bauernfamilie hat auch viele Kinder, Jungen und Mädchen, und alle Kinder müssen helfen. Jedes Kind hat einen anderen Namen. So kann man alle Kinder gut voneinander unterscheiden[4].

1 village **2** not far from a forest **3** farmers **4** distinguish one from another

Andere Bauern hören, dass der Boden[1] in Holzhausen sehr fruchtbar ist, und sie kommen hierher. Die Bauern haben auch Familien, Frauen und Kinder, und bald sind in Holzhausen vier Kinder mit dem Namen Peter, und drei heißen Johannes. Wie soll man nun die Kinder voneinander unterscheiden? Wer ist wer?

Das ist einfach! Die Leute setzen einfach den Namen des Vaters hinzu[2]. So heißt der Peter, der Sohn vom Bauern Johannes, Peter Johannes Sohn. Und der Sohn Peter vom Bauern Friedrich heißt jetzt Peter Friedrichs Sohn. Und so entstehen die Familiennamen Johannsen und Friedrichsen.

Und da ist ein Peter—er ist besonders[3] klein—den nennen die Leute Peter den Kleinen oder einfach Klein-Peter. Und ein Stephan ist besonders kräftig[4], und die Leute nennen ihn jetzt Stephan der Kräftige oder einfach Stephan Kraft.

So hat nun jetzt jeder im Dorf einen Vornamen und einen Nachnamen, einen Familiennamen.

Und das Dorf wächst und wächst[5]; es ist jetzt schon ein großes Dorf. Da macht nun ein Bauer für das ganze Dorf die Arbeit als Schmied, ein anderer bäckt das Brot für alle, und ein dritter macht und repariert die Schuhe für alle im Dorf. Jetzt holen die Leute also ihr Brot beim Hans Bäcker, sie kaufen ihre Schuhe beim Stephan Schuhmacher, das Mehl[6] holen sie beim Peter Müller und frische Fische bekommen sie beim Fritz Fischer.

1 land, soil **2** add **3** especially **4** strong **5** grows **6** flour

Beim Lesen

D. Why do other farmers come here?

E. How did the names Johannsen and Friedrichsen arise?

F. How did the name "Kraft" arise?

G. From whom do the people now get their bread, shoes, flour, and fish?

Und jetzt wächst und wächst das Dorf. Es ist groß und ist ein Marktflecken* geworden. Andere Bauern, Handwerker[1] und Kaufleute[2] kommen hierher aus anderen Städten und aus anderen Gegenden[3]. Der eine Kaufmann kommt aus Frankfurt; da ist ein Handwerker aus Bamberg, ein anderer kommt aus dem Rheinland. Und jeder findet schnell einen Namen. Jetzt gibt es hier einen Peter Rheinländer, einen Hans Bamberger und einen Felix Frankfurter.

So haben wir alle unsere Namen bekommen.

Beim Lesen

H. How did such names as Rheinländer, Bamberger and Frankfurter arise?

*A **Marktflecken,** *community market,* or simply a **Markt,** used to be the designation for a larger village that the territorial ruler had granted the privilege of serving as a trading center for the surrounding area. Such villages had a market square where the various tradespeople offered their wares. Many such **Märkte** have become the towns and cities of today.

1 craftsmen **2** merchants **3** areas

Nach dem Lesen
Übungen

1 Welche Wörter passen?

Schreib den folgenden Auszug *(excerpt)* ab, und setz dabei die passenden Wörter ein.

In dem kleinen Dorf sind nur drei _____. Das Dorf liegt ideal, nicht weit von einem _____ entfernt. Die Bauernfamilien haben hier ihre _____, und die sind sehr _____.

Jede Bauernfamilie hat viele _____, und jedes Kind hat einen anderen _____. Dann kommen andere Bauern ins _____, und wie kann man jetzt die Kinder _____? So heißt jetzt Peter, der _____ vom Bauern Johannes, Peter Johannes Sohn. Und so ist der Familienname _____ entstanden.

2 Was für einen Beruf haben sie?

1. Er bäckt das Brot für alle; er ist der _____.
2. Er repariert die Schuhe für alle; er ist der _____.
3. Er mahlt *(grinds)* das Mehl für alle; er ist der _____.
4. Er fischt Fische für alle; er ist der _____.
5. Er malt *(paints)* die Häuser für alle an. Er ist der _____.

3 Wie heißen die Familiennamen?

1. Sie kommen aus Frankfurt. Sie heißen _____
2. Sie kommen aus Hildesheim. Sie heißen _____.
3. Sie kommen aus Augsburg. Sie heißen _____
4. Sie kommen aus Brandenburg. Sie heißen _____.
5. Sie kommen aus Wien. Sie heißen _____.
6. Sie kommen aus Bamberg. Sie heißen _____.

4 Was denkst du?

1. According to the story, what are the four ways people got their last names?
2. Have you researched your family names on the Internet? It's fun and interesting to learn more about your family's heritage.
3. What happened to many German last names after people immigrated to the United States?

5 Ein Projekt

How and when were last names adopted in non-European cultures? Research this topic in your library or on the Internet.

Beim Lesen

As you read, start thinking of expressions in English that use animal names.

A. How do we use animal names?

B. What did Mark buy?

C. Why is Mark not that smart?

Tiernamen in unserer Umgangssprache

In unserer Umgangssprache[1] gebrauchen wir Tiernamen nicht nur als Schimpfwörter[2], oft gebrauchen wir Tiernamen, um die Sprache[3] einfach lebhafter[4] zu machen.

Lies die folgenden zwei Abschnitte:

„Ich bin wirklich sehr erstaunt[5], als Mark, mein Bruder, mir sein neues Kofferradio mit CD-Spieler zeigt. „Du bist doch ein blöder Kerl!" sage ich. „200 Euro für dieses Radio? Du bist doch sonst immer so schlau[6]. Aber jetzt hast du etwas gekauft[7], was du vorher nicht gut angesehen hast. Bring dieses Radio wieder zurück! Wenn du Glück hast[8], bekommst du dein Geld wieder zurück."

„Ich denke, mich laust der Affe, als Mark, mein Bruder, mir sein neues Kofferradio mit CD-Spieler zeigt. „Du bist doch ein dummer Hund!" sage ich. „200 Euro für dieses Radio? Du bist doch sonst immer ein schlauer Fuchs. Aber jetzt hast du wirklich die Katze im Sack gekauft. Bring dieses Radio wieder zurück! Wenn du Schwein hast, bekommst du dein Geld wieder zurück."

Glückssymbole

(der) Glücksklee

(der) Marienkäfer

(das) Glücksschwein

(der) Schornsteinfeger

(das) Hufeisen

1 colloquial speech **2** curses, insults **3** language **4** more vivid **5** surprised **6** smart **7** you bought something **8** if you're lucky

Nach dem Lesen
Übungen

Welches ist das richtige Wort?

1. Ich denke, mich laust _____.
2. Du bist doch ein dummer _____.
3. Du bist doch sonst immer ein schlauer _____.
4. Heute hast du die _____ im Sack gekauft!
5. Du hast dein Geld wieder zurück. Du hast _____.

Welche Ausdrücke passen zueinander?

1. Du hast die Katze im Sack gekauft.
2. Du hast Schwein.
3. Ich denke, mich laust der Affe.
4. Du bist doch sonst immer ein schlauer Fuchs.
5. Du bist doch ein dummer Hund.

a. Du bist doch sonst immer so schlau.
b. Du bist doch ein blöder Kerl.
c. Du hast nicht aufgepasst.
d. Du hast Glück.
e. Ich bin wirklich erstaunt!

Welche Wörter passen?

1. Wir gebrauchen Tiernamen, um die Sprache _____ zu machen.
2. Ich bin sehr _____, dass Mark ein neues Kofferradio hat.
3. Er hat 200 _____ gezahlt, und das ist nicht sehr _____
4. Wenn du _____ hast , bekommst du dein _____ wieder zurück.

erstaunt Euro Geld Glück lebhafter schlau

Wie heißt der Ausdruck im Englischen?

For each of these figures of speech involving animals, there are English equivalents. Write them on a sheet of paper.

1. Du bist doch ein dummer Hund!
2. Du bist doch sonst so ein schlauer Fuchs.
3. Du hast die Katze im Sack gekauft.

Can you think of any other animal expressions in English?

Dies und das

1 Zungenbrecher

Zungenbrecher *(tongue twisters)* sind Sätze, die man zum Spaß sagt und bei denen man sich die Zunge „brechen" kann, besonders wenn man sie schnell spricht. Sagt diese Zungenbrecher ganz schnell:

Fischers Fritz fischt frische Fische
frische Fische fischt Fischers Fritz

In Ulm, um Ulm und um Ulm herum

Der Kottbuser Postkutscher putzt die Kottbuser Postkutsche

2 Tiernamen in Redensarten

Du kennst bestimmt Redensarten im Englischen. Redensarten sind Sätze, die immer wieder gebraucht werden und eine feste Formulierung haben. —Hier sind einige Redensarten und ihre Bedeutungen.

Jetzt weiß ich, wie der Hase läuft.
Ich weiß jetzt, wie man das macht.

Dort sagen sich Fuchs und Hase gute Nacht.
Das ist eine ganz einsame Gegend. (oder ein einsamer Ort/ein kleines Dorf)

Die Arbeit war für die Katz'!
Die Arbeit war umsonst.

Er ist bekannt wie ein bunter Hund.
Er ist überall bekannt.

Du hast einen Vogel!
Du bist verrückt!

3 Tiernamen in zusammengesetzten Wörtern

Tiernamen gebraucht man auch als erstes Wort in zusammengesetzten Wörtern, um das zweite Wort lebhafter zu machen. —Welche Sätze passen zusammen?

1. Das ist ein Hundewetter.
2. Ich hab einen Bärenhunger.
3. Das ist nur ein Katzensprung.
4. Was für ein Schweinestall!
5. Sie fahren im Schneckentempo.

a. Das ist nicht weit.
b. Das ist ein furchtbares Wetter.
c. Ich habe großen Hunger.
d. Sie fahren sehr langsam.
e. Was für ein unordentliches Zimmer!

Kapitel

4 Vor dem Lesen
Moritz, der Musikfrosch

Reading for comprehension When you are reading something in your native language, you don't look up every word you do not know. The same is true for German. Remember to read for understanding of words in context, and not to focus on isolated words. Then make educated guesses about the relative importance of words you don't know.

Übungen

1 In the following sentences, guess the meaning of each underlined word from the rest of the sentence.

1. Er hat einen Rucksack auf dem Rücken.
2. Frau Köstler ist Lehrerin; sie unterrichtet Englisch.
3. Peters Frosch frisst sieben Fliegen.
4. Günter singt gern. Er singt das Lied: Kuckuck . . .
5. Mein Frosch ist fort, fangen Sie bitte meinen Frosch!
6. Moritz sieht einen See und springt ins Wasser.
7. Hör mal, wie schön der Frosch quakt!

2 Match the following German phrases with their English equivalents.

1. auf dem Rücken — **a.** song
2. sie unterrichtet — **b.** catch
3. frisst — **c.** croaks
4. Lied — **d.** eats
5. fangen — **e.** jumps
6. springt — **f.** on the back
7. quakt — **g.** she teaches

Landeskunde

In German schools students choose from a variety of extracurricular hands-on activities that are supervised by teachers. Such work groups are called **Arbeitsgemeinschaften,** or **AGs** for short. Students work on projects related to various subjects, such as biology, physics, chemistry, theater, or photography. Other students may work on larger projects, such as their school newspaper, or on environmental issues.

Beim Lesen

Have you ever brought something special to school for a project?

A. What does Peter have in his backpack?

B. Why is the backpack heavy?

Moritz, der Musikfrosch

Peter Seifert geht zur Schule. Er geht langsam, denn er hat einen Rucksack auf dem Rücken. Der Rucksack ist groß und schwer.

„Peter", ruft Marianne Müller, „was hast du denn da im Rucksack?"

„Oh", sagt Peter, „ich habe Bücher, Hefte, Kulis, Papier, einen Spitzer, Bleistifte und ein Lineal im Rucksack."

„Das habe ich aber auch", sagt Marianne, „aber meine Schultasche ist nicht so groß und schwer wie dein Rucksack."

„Ich habe auch ein Demonstrationsobjekt für Biologie im Rucksack", sagt Peter.

„Klasse!" meint Marianne. „Vielleicht[1] ist Bio dann nicht so langweilig. – Aber zuerst haben wir Englisch, dann Musik und danach erst Biologie."

„Was?" ruft Peter. „Bio haben wir zuerst!"

„Nein, Peter", sagt Marianne, „heute ist nicht Dienstag, heute ist schon Mittwoch. Lies den Stundenplan!"

„O ja!" sagt Peter. „Du hast Recht[2], Marianne!"

1 perhaps **2** you're right

Frau Hauptmann ist Klassenlehrerin in Mariannes und Peters Klasse. Sie unterrichtet auch Englisch. Sie schreibt an die Tafel: schreiben *to write*.

„Gut", sagt Frau Hauptmann. „Marianne, sag auf Englisch: er schreibt!"

„He write."

„Falsch! Stimmt nicht!" sagt Frau Hauptmann. „Peter, sag auf Englisch: er schreibt!"

„He writes."

„Quak", sagt Peters Rucksack.

„Was sagst du, Peter?"

„Nichts, Frau Hauptmann."

„Komisch", meint Frau Hauptmann.

In der Pause kommen alle Schüler zu Peter. „Was hast du denn im Rucksack, Peter?" fragen sie.

„Moritz", sagt Peter. „Moritz ist mein Wetterfrosch*."

„Quak", sagt Moritz.

„Sei ruhig[1], Moritz!" sagt Peter. „Hier kommt Herr König, unser Musiklehrer."

„Quak, quak", sagt Moritz.

„Guten Morgen, Kinder!" sagt Herr König.

Die Kinder stehen auf und sagen: „Guten Morgen, Herr König."

„Nun", sagt Herr König, „wir beginnen heute mit einem Lied. Singen wir das Lied *Kuckuck, Kuckuck, ruft's aus dem Wald***!"

*A **Wetterfrosch** is a tree frog that has been put in a large fishbowl with some grass and a little ladder. It is said that when the weather is nice, the frog will climb up the ladder, and when it rains, the frog will climb down. This is a popular belief that has, however, no scientific basis.

****„Kuckuck, Kuckuck, ruft's aus dem Wald,"** *cuckoo, cuckoo, is heard calling from the forest,* is a well-known children's song.

1 Be quiet

Beim Lesen

C. Who is Ms. Hauptmann?

D. Why does Moritz say "quak"?

E. What does Peter have in his backpack?

F. What are the children doing?

Beim Lesen

G. Is Peter singing alone?

H. Why does he get an A?

I. What does Moritz eat?

J. What does Peter say to Ms. Köstler?

K. Why is Moritz sleeping again?

L. What song does Günter sing?

Die Kinder singen das Lied, und Herr König ruft: „Singt lauter!"

„Quak, quak, quak, quak", singt Moritz.

„Du singst heute wirklich[1] gut, Peter. Sing doch jetzt das Lied allein!"

Peter singt das Lied und Moritz quakt mit.

„Sehr gut, Peter!" sagt Herr König. „Ich bin sehr zufrieden[2], du bekommst eine Eins."

* * *

Peter ist glücklich. In der Pause fängt er Fliegen für Moritz, und Moritz frisst sieben Fliegen!

In der nächsten Stunde haben die Kinder Biologie. Frau Köstler kommt ins Klassenzimmer.

„Guten Morgen!" sagt Frau Köstler.

„Guten Morgen!" sagen die Kinder.

„Frau Köstler", sagt Peter, „ich habe Moritz im Rucksack, Moritz, meinen Frosch."

„Bring Moritz hierher", sagt Frau Köstler.

Moritz schläft. Er ist so müde. Sieben Fliegen, viel für Moritz!

„Sing ein Lied!" ruft Marianne.

Peter singt: *Kuckuck, Kuckuck* . . . und Moritz sagt einmal „quak" und schläft dann wieder.

Da sagt Günter: „Ich singe gern. Kann ich jetzt ein Lied singen?" Und er singt:

*„Alle meine Entchen, schwimmen auf dem See, Köpfchen in das Wasser, Schwänzchen in die Höh'!"

*__„Alle meine Entchen . . .__ *all my little ducks are swimming in the lake, little heads in the water, little tails in the air,* is another very familiar children's song.

1 real(ly) **2** satisfied

Moritz quakt nicht mit. Er schläft auch nicht mehr. Moritz hört das Wort „Entchen" und springt auf Frau Köstlers Tisch, vom Tisch aufs Fenster und vom Fenster auf die Straße.

„Komm zurück!" schreien die Kinder.

„Mein Frosch ist fort[1]! Mein Frosch ist fort!" schreit Peter.

„Herr Lembke, fangen sie bitte meinen Frosch!"

Herr Lembke ist der Hausmeister in der Schule. Er ist etwas dick und alt und kann nicht schnell laufen. Moritz hüpft immer weiter, und Herr Lembke schreit: „Halt! Halt!"

Beim Lesen

M. What does Moritz do when he hears the song **"Entchen"**?

N. Who is Mr. Lembke, and what does he do?

Aber Moritz hört nicht, er hüpft weiter. Moritz sieht einen See[2] im Park und springt ins Wasser. Herr Lembke kann nicht schwimmen. „Komm sofort hierher, du Frosch!" ruft er.

Moritz hüpft auf eine Seerose[3] und quakt.

„Dummer Frosch, du!" brummt Herr Lembke und geht zurück in die Schule. Moritz quakt weiter.

O. What does Moritz see, and what does he do?

P. Where is Moritz hopping?

* * *

Da kommen zwei kleine Mädchen in den Park.

„Hör mal! Wie schön der Frosch quakt", sagt das eine Mädchen.

„Vielleicht ist es ein Prinz?" meint das andere.

MARGOT PARONIS

Q. What does one girl say? What does the other say?

1 gone **2** lake **3** lily pad

Nach dem Lesen
Übungen

Welche Antwort passt?

1. Warum geht Peter langsam?
- **a.** Er hat ein Buch in der Hand.
- **b.** Er hat einen Rucksack auf dem Rücken.
- **c.** Er hat zuerst Biologie.

2. Frau Hauptmann unterrichtet
- **a.** Biologie.
- **b.** Musik.
- **c.** Englisch.

3. Die Schüler fragen Peter,
- **a.** was er im Rucksack hat.
- **b.** wann er ein Lied singt.
- **c.** wie der Frosch heißt.

4. Peter bekommt eine Eins:
- **a.** er singt mit Moritz.
- **b.** er singt mit Herrn König.
- **c.** er singt das Lied gut.

5. Frau Köstler unterrichtet
- **a.** Musik.
- **b.** Biologie.
- **c.** Englisch.

6. Peter zeigt Frau Köstler
- **a.** die sieben Fliegen.
- **b.** das Demonstrationsobjekt.
- **c.** den Rucksack.

7. Moritz hört das Wort „Entchen", und er hüpft
- **a.** in den Rucksack.
- **b.** in den Wald.
- **c.** auf die Straße.

8. Im See hüpft Moritz
- **a.** ins Wasser.
- **b.** in den Park.
- **c.** auf eine Seerose.

Die richtige Reihenfolge *The right sequence*

Welcher Satz kommt zuerst, dann, danach? *Put the sentences in the right sequence.*

A. __ Moritz hört das Lied von den „Entchen" und hüpft aus dem Fenster auf die Straße.

B. __ Er hüpft in den See und dann auf eine Seerose und quakt.

C. __ Peter singt das Kuckuckslied, und Herr König ist sehr zufrieden.

D. __ Meine Schultasche ist nicht so schwer wie dein Rucksack.

E. __ Ich hab ein Demoprojekt für Bio im Rucksack.

F. __ Die Mädchen meinen: „Vielleicht ist es ein Prinz?"

1. _____ **2.** _____ **3.** _____ **4.** _____ **5.** _____ **6.** _____

3 Was passt zusammen?

1. Er hat einen Rucksack
2. Das Demoprojekt ist für
3. Frau Hauptmann unterrichtet
4. Moritz ist ein
5. Herr König ist der
6. Peter singt gut. Er bekommt eine
7. Moritz frisst sieben
8. Jetzt ist er

a. Wetterfrosch.
b. Musiklehrer.
c. müde.
d. Fliegen.
e. Englisch.
f. Biologie.
g. auf dem Rücken.
h. Eins.

Und du?

1. Are you familiar with the frog and its connection to the weather?
2. Do you know any other frog stories that you can tell your classmates?

Dies und das

1 Tiernamen in Sprichwörtern

Tiernamen erscheinen auch in vielen Sprichwörtern. Hier sind einige. Kennt ihr ähnliche Sprichwörter im Englischen?

Wenn die Katze fort ist, tanzen die Mäuse auf dem Tisch.
Hunde, die viel bellen, beißen nicht.
In der Not frisst der Teufel Fliegen.
Wer den Fuchs fangen will, muss mit den Hühnern aufstehen.
Man ist alt wie 'ne Kuh und lernt noch alle Tage zu.
Lieber einen Sperling in der Hand als eine Taube auf dem Dach.

Wie viele Tiere kannst du identifizieren? Mach eine Liste mit den Tiernamen und schreib die englische Bedeutung daneben!

2 Wie sprechen unsere Tiere?

In jeder Sprache sprechen auch die Tiere eine andere Sprache. Was sagen diese Tieren im Englischen? Schreib es auf!

der Frosch quakt	die Katze miaut	der Vogel piept	die Biene summt
der Hund bellt	das Schwein grunzt	das Huhn gackert	

3 Unsere Wetterfrösche im Fernsehen

Hier stellen wir die Leute vor, die über das Wetter im deutschen Fernsehen berichten. Wie heißen deine „Wetterfrösche" im Fernsehen?

Die Wetterfrösche, die die meisten Deutschen kennen, arbeiten fürs Fernsehen. Ist das Wetter schlecht, sind die Wetterfrösche nicht so beliebt. Aber alle Leute lieben die Frösche und Fröschinnen, wenn das Wetter warm und sonnig ist.

Das ist der Wetterfrosch

Michael Bauer
vom BVD

Und die Wetterfröschinnen

Nicole Sommer
die VAT.3-Wetterfee

Verena Mondschein
die KML-Wetterfee

Kapitel

5

Vor dem Lesen
Unsere Klamotten

Recognizing words that are "in" What kind of language do these young people use?—It is not the language found in German textbooks. Much of it is informal speech that students use to communicate with each other, using words that they pick up mostly from American English and words created for the moment. These words and expressions may be "in" today and "out" tomorrow.

Übung

1. Read the title and look at the photos of the students. What do you think the individual stories are about?
2. Make a list of the words that you also use in this context, and write the word in English next to it.
   For example:
   Jeans jeans; **Outfit** outfit
3. Make a list of the words or expressions that students created and write a standard word or expression next to it.
   For example:
   ich check null ich verstehe nichts

Landeskunde

It used to be that American fashions in clothing, foods, and household goods would arrive in Germany many years after the introduction of those items in the United States. More travel, television, and above all the Internet have made the introduction of new items almost simultaneous in many countries around the globe. Since new items hit the markets abroad so fast, native copy writers do not have the time to think of appropriate German expressions, and thus just use the English ones. An exception seems to be the cellular phone, for which the Germans coined the term **Handy.**

Unsere Klamotten

Beim Lesen

While reading this text, think of your own preferences in clothes, the styles you like and dislike, and where you buy your clothes.

A. What do Julia's hip-huggers look like?

B. What kind of T-shirts does Julia usually wear, and what is she wearing today?

C. Why is she wearing a headband?

D. What kind of shoes is she wearing?

E. How does Heiko look?

F. What does he say about his trendy jeans?

G. What does his mother say about his haircut?

H. What is David wearing today?

I. What does he wear to school?

J. When does he wear white?

Julia, 16

„Ich trage meine Atohose[1] echt gern, besonders wenn ich mit Freunden ausgehe. Die Hose ist aus Satin, hat einen leichten Schlag[2] und hat meine Lieblingsfarbe, Rosa. Ja, und dazu trage ich ein T-Shirt, schwarz oder auch andere Farben. Oft trage ich ein bauchfreies[3] T-Shirt. Aber heute ist es so kalt. Deshalb das lange T-Shirt. Und ich trage immer ein Stirnband, weil meine Haare so lang sind. Das Stirnband ist auch schwarz, es passt zum T-Shirt. Und ich trage Halbschuhe, keine Sneakers; oder ich trage Plateauschuhe, ganz modern!"

Heiko, 16

„Heute habe ich meine alte Jeans an, meine neue Kultjeans ziehe ich zu Partys an. Und dazu trage ich heute ein T-Shirt und ein Hemd darüber, ein Hemd mit blau-weißen Karos. Meine Mutter sagt, ich sehe furchtbar aus. Aber meine Klamotten gefallen mir. Ich glaube, meine Mutter hat meinen Haarschnitt[4] nicht gern. Vielleicht hat sie Recht[5]; ich gehe bald mal wieder zum Frisör."

David, 15

„Heute trage ich Jeans und ein Sweatshirt; das Sweatshirt, weil es heute kalt ist. Hier in Hamburg ist es oft kühl und nass. Und meine Schulklamotten? Jeans oder eine Cordhose, Hemd oder T-Shirt, meistens in Blau oder Grau. In den Farben bin ich total konservativ. Meine Freunde fragen oft, warum ich nichts Helles anziehe. Ich habe ein weißes Outfit, Hose, Hemd, Schuhe, aber das ziehe ich nur an, wenn ich mit meinem Vater Tennis spiele."

1 hip huggers **2** bell bottom **3** cropped **4** haircut **5** maybe she is right

Gupse, 15

„Ich ziehe jetzt an, was mir gefällt. Ich bin für das Moderne, was trendy ist. Aber es war nicht einfach für mich. Ich bin Türkin, aber in München geboren. Und meine Eltern wollten immer, dass ich türkische Sachen trage: Lange Hose mit einem Rock darüber, Bluse mit langen Ärmeln und ein Kopftuch[1], das meine Haare bedeckt. Also konservativ türkisch. Aber dann war der Papa in der Türkei und hat gesehen, dass die Türkinnen in den Städten das anhaben, was ich jetzt trage."

Stefan, 17

„Wenn ich sehe, was manche Leute so anhaben, dann check ich null[2]. Und die Leute verstehen mich nicht, sie sagen, ich ziehe Klamotten an, die ihr Großvater trägt: alt, konservativ. Aber mir gefallen meine Klamotten. Ich war in den USA, und dort hab ich den layered-look gesehen; der gefällt mir: T-Shirt, Hemd, Weste, Jacke, so wie heute. Aber meine Freunde wollen eben ‚in' sein. Und ich sag ihnen immer: was heute ultra-in ist, kann morgen schon mega-out sein."

Binh, 16

„Klamotten sind wichtig, und ich mag elegante Sachen. Ich ziehe oft Klamotten an, die meine Mutter auch anzieht: Pullover, Jacke – in Blau, wenn's geht – nur trage ich Röcke nicht gern. Röcke finde ich unbequem. Kleider trage ich ab und zu, besonders im Sommer, wenn es warm ist. Im Sommer trage ich auch helle Sachen oder etwas Buntes; das gefällt mir auch, denn ich bin ein fröhlicher Mensch[3]."

1 scarf **2** I don't understand **3** a happy person

Beim Lesen

K. What does Gupse like to wear?

L. What was the problem with her parents?

M. When did Gupse's dad change his mind?

N. What does Stefan not understand?

O. What sort of clothes does Stefan wear?

P. What look does Stefan like?

Q. What kinds of clothes does Binh like?

R. Why does she not like wearing skirts?

S. What does she wear in summer and why?

Beim Lesen

T. What does Melina prefer to wear?

U. Who gave her the necklace?

V. Where does she buy her clothes, and where doesn't she like to shop?

W. What is Dirk wearing?

X. What kinds of clothes interest him?

Y. What does Herta say about her jacket?

Z. Why doesn't she go to secondhand shops?

Melina, 15

„Am liebsten mag ich Jeans oder ja so lockere[1] Blusen—sie können auch lang sein. Und ich trag auch immer ein Halsband, so wie dieses. Das hat mir die Oma aus Griechenland geschickt[2]. Ich bin Griechin, aber hier in Deutschland geboren. Meine Klamotten kauf ich meistens in Secondhand-Läden, auch Accessoires. Aber mein Lieblingsladen ist jetzt eine Edel-Boutique, auf Damenmode spezialisiert mit Designerklamotten. Und da kann ich nicht mehr hingehen. Kein Laden für eine Schülerin mit einem kleinen Portemonnaie."

Dirk, 16

„Fragt mich nicht, was ich gern anziehe. Ich bin furchtbar altmodisch – meine Oma strickt mir die Socken und die Pullover, und so was hab ich gern, handgemacht! Dann trag ich gern Polohemden; T-Shirts trag ich fast nie. Ich geh ab und zu in Secondhand-Läden, schau mir an, was in den 70er Jahren ‚in' war. Da sind die Klamotten billiger als in den Designerläden. Die kopieren die Klamotten aus den 70er Jahren und verkaufen sie für jede Menge Moos[3]. Es ist schon cool, ein 70er Jahre Stück zu haben."

Herta, 18

„Ich steh auf[4] Ledersachen, und diese Lederjacke hab ich aus Italien. War in den Ferien dort. Und die war gar nicht teuer. In den Edel-Boutiquen in München musst du eine ganze Menge Euro hinblättern[5], um so eine Jacke wie diese zu kaufen. In Secondhand-Shops geh ich nie; dort gibt es nur den Müll[6] anderer Leute. Warum soll ich anziehen, was andere nicht mehr mögen? Diese Jacke zieh ich auch in die Schule an; muss aber aufpassen, dass sie nicht verschwindet[7]."

1 loose-fitting **2** has sent me **3** money **4** I like **5** put down **6** junk **7** disappear

Nach dem Lesen
Übungen

1 Wer trägt was?

1. Stefan war in den USA, und er trägt jetzt den _____.
2. Zu Partys trägt Heiko seine _____.
3. Binh ist ein fröhlicher Mensch: im Sommer trägt sie gern _____.
4. Wenn David Tennis spielt, trägt er immer ein _____.
5. Dirk trägt _____ Sachen. Seine Oma strickt Socken und _____.
6. Gupse ist fürs Moderne, was _____ ist.
7. Julias Hose hat einen leichten _____, und oft trägt sie _____.
8. Melina trägt lockere _____ und immer ein _____.
9. Heikos Mutter hat seinen _____ nicht gern.

Blusen	Haarschnitt	Halsband	handgemachte
helle Sachen	Kultjeans	layered-look	Plateauschuhe
Pullover	Schlag	trendy	weißes Outfit

Was passt?

1. Meine Haare sind so lang. Deshalb trage ich ein _____.
2. Wenn ich größer sein will, trage ich _____.
3. Mein Haarschnitt ist furchtbar, aber bald gehe ich zum _____.
4. Türkische Frauen bedecken ihre Haare oft mit einem _____.
5. Designerläden sind teuer. Ich kaufe meine Klamotten oft in _____.
6. Meine Oma strickt meine Socken und Pullover, alles _____!

Frisör	handgemacht	Kopftuch
Plateauschuhe	Secondhand-Läden	Stirnband

Was ist „in"?

a. Mach eine Liste mit den Wörtern, die aus dem Amerikanischen kommen.

b. Mach eine Liste mit den Wörtern, die du „in" findest.

Mein Outfit

Describe your own favorite outfit, using appropriate words from the students' descriptions.

Beim Lesen

While reading this text, think about what the sun and the wind represent. In a fable, the moral of the story is more important than the story itself.

Wer stärker ist

Der Nordwind und die Sonne streiten[1] miteinander.

„Ich bin stärker als du", meint der Nordwind.

„Ich bin stärker als du", sagt die Sonne.

Da sehen sie einen Mann, der einen Mantel anhat.

„An diesem Mann können wir erproben[2], wer stärker ist, wer mehr Macht[3] hat", schlägt der Nordwind vor. „Wer den Wanderer zwingt[4], seinen Mantel auszuziehen[5], ist Sieger!"

„Ich bin einverstanden[6]", sagt die Sonne.

Der Nordwind bläst und bläst und versucht, dem Mann den Mantel zu entreißen[7]. Doch der Mann hält ihn mit beiden Händen fest und hüllt sich immer fester in den Mantel ein[8].

„Nun bin ich dran", sagt die Sonne lächelnd. Und jetzt strahlt sie so warm auf den Wanderer herab, dass ihm so warm ist und er den Mantel auszieht. Dann kommt er an ein Flussufer[9], und er zieht sich sogar weiter aus um zu baden.

(NACH ÄSOP)*

A. Why are the wind and the sun arguing with each other?

B. What do they see?

C. What does the wind suggest?

D. What is the north wind doing now?

E. What does the sun now do?

F. Who is more powerful? Why?

*Äsop, a real or legendary Greek author of fables, is supposed to have lived in the 6th century B.C.

1 argue **2** test **3** strength, power **4** forces **5** to take off **6** I agree **7** to tear off **8** wrapped himself in **9** riverbank

Nach dem Lesen

Übungen

Was ist richtig, a., b., oder c.?

1. Der Nordwind und die Sonne
   - **a.** strahlen miteinander.
   - **b.** streiten miteinander.
   - **c.** blasen miteinander.
2. Der Norwind und die Sonne sagen: Ich bin
   - **a.** größer als du.
   - **b.** wärmer als du.
   - **c.** stärker als du.
3. Da sehen sie einen Mann, der
   - **a.** einen Mantel anhat.
   - **b.** den Mantel auszieht.
   - **c.** in einem Fluss badet.

4. Wer den Mann zwingt, den Mantel auszuziehen,
   - **a.** ist jetzt dran.
   - **b.** ist Sieger.
   - **c.** ist die Sonne.
5. Der Nordwind bläst, und der Mann
   - **a.** zieht den Mantel aus.
   - **b.** hält den Mantel fest.
   - **c.** zieht den Mantel an.

6. Dann strahlt die Sonne, und sie ist so warm, dass der Mann
   - **a.** zuerst baden geht.
   - **b.** den Mantel mit beiden Händen festhält.
   - **c.** den Mantel auszieht.

Und du?

1. Can you think of an incident when something similar happened to you?
2. Do you know any other of the many fables by Aesop? Research Aesop on the Internet.

Dies und das

1 Volkslied

Ein bekanntes Volkslied aus Pommern. Es gibt noch viele andere Verse mit anderen Farben.

Grün, grün, grün sind alle meine Kleider,
Grün, grün, grün ist alles, was ich hab.
Darum lieb ich alles, was so grün ist,
Weil mein Schatz ein Jäger, Jäger ist.

Blau, blau, blau sind alle meine Kleider,
Blau, blau, blau ist alles, was ich hab.
Darum lieb ich alles, was so blau ist,
Weil mein Schatz ein Seemann, Seemann ist.

Schwarz, schwarz, schwarz sind alle meine Kleider,
Schwarz, schwarz, schwarz ist alles, was ich hab.
Darum lieb ich, alles, was so schwarz ist,
Weil mein Schatz ein Schornsteinfeger ist.

Schreib einen oder zwei andere Verse mit anderen Farben. Denke an die Farben Weiß oder Braun. In Kapitel 3 hast du über Berufe gelesen.

Sprichwörter

Wie heißen diese Sprichwörter im Englischen?

Übung macht den Meister.
Es ist noch kein Meister vom Himmel gefallen.
Kleider machen Leute.
Lerne viel, sage wenig, höre alles.
Nicht für die Schule, fürs Leben lernen wir.
Lerne was, so kannst du was.
Was Hänschen nicht lernt, lernt Hans nimmermehr.

Kapitel

6 *Vor dem Lesen* Sommerzeit ist Grillzeit

Using Prior Knowledge Prior knowledge is what you already know—the information we already have in our heads. Good readers use prior knowledge to anticipate what the text is about before they begin reading. They look at the title, the art or photos—anything that might help them anticipate the content of the text. When looking at a text in a language other than your own, you can use prior knowledge about your own language to help you anticipate and guess the meaning of the foreign text.

Übung

Match each German term with the correct English definition. Can you anticipate what the reading selection will be about?

1. Vegetarier
2. Grillmeister
3. marinieren
4. Rumpsteak
5. Naturschutzgebiete
6. Grillplätze

a. to soak food in liquid before cooking
b. a person who doesn't eat meat
c. a person who is good at barbecuing
d. a cut of meat
e. an area in a public park with barbecue grills
f. a protected area for plants and wildlife

Landeskunde

In general, German schools let out around 1 p.m. There is no lunch service and students go home to eat. If there is no one at home who has prepared lunch, students must buy something at a fast-food restaurant like a **Pizzabude** or an **Imbissstand,** or fix their own food. The easiest way to get something to eat is to open a can or something ready-made from the freezer that can quickly be warmed up. With many mothers working, the traditional way of having a home-cooked lunch as the main meal of the day has changed. Many stores that used to have two-hour lunch breaks now stay open.

Beim Lesen

Wenn du diesen Bericht liest, denk daran, wann ihr zu Hause grillt und welches Fleisch oder Gemüse du am liebsten vom Grill isst.

A. Was passiert, wenn es warm wird?

B. Wie beliebt ist das Grillen?

C. Wo kann man grillen und wo nicht?

D. Wo und was hat man früher am Sonntag gegessen?

Sommerzeit ist Grillzeit

Der lange, kalte und nasse Winter ist vorbei, die Frühlingsblumen kommen aus der Erde und die Temperaturen klettern auf 15 Grad. Da holen die deutschen Grillmeister aus dem Norden, Süden, Osten und Westen ihre Grillroste aus dem Keller[1], und schon kann man den Geruch von Holzkohle[2] und frischem Grillgut genießen[3].

Jeder vierte deutsche Haushalt hat schon einen Grill, und das Grillen findet nicht nur in Gärten und Höfen statt—das Grillen im Freien auf Grillplätzen in Parks und an Flüssen ist heute sehr populär. Tabu sind Wald- und Naturschutzgebiete[4], wo man nicht grillen darf. Wer dort grillt, kann mit einer Strafe[5] bis zu 500 Euro rechnen.

Vor vielen Jahren hat die Mutter das Mittagessen am Sonntag gekocht[6], vielleicht einen Braten mit Kartoffeln und Kraut. Heute grillen Vati und Mutti, weil das Grillen „einfacher" ist und mehr Spaß macht.

Man sitzt nicht bei Sonnenschein zu Hause in der warmen Küche[7], man kann jetzt im Freien essen und dabei die Sonne genießen. Jetzt stehen die „Grillmeister" oder „Grillmeisterinnen" mit Grillgabel[8] und Grillzange[9] stolz vor dem Grill und warten, bis

1 from the basement **2** charcoal **3** enjoy **4** nature preserves **5** fine **6** cooked **7** kitchen **8** fork **9** tongs

die glühend rote Holzkohle eine weiße Ascheschicht hat. Ist die Temperatur richtig? Ja, wenn man die Hand nur zwei Sekunden zehn Zentimeter über dem Rost halten kann, ist die Temperatur richtig!

Was grillt man am besten? Natürlich Wurst, Bratwurst, Schweinswürstl, Steak (T-Bonesteak, Rumpsteak), Spareribs und Baby Ribs in einer Barbecue-Marinade mit Honig. Das ist echt lecker! Filetspieße[1] mit Paprika, Tomate und Zwiebel[2], Hähnchen, Schweinekoteletts, Fisch und vieles mehr schmecken auch prima vom Grill.

Vegetarier in der Familie grillen Paprikaschoten, Zucchini, Zwiebeln, Tomaten, Pilze[3] und vieles mehr.

Einige Grilltipps, damit es auch gut schmeckt:

1. Das Fleisch über Nacht marinieren (in Öl, mit Knoblauch[4], Kräutern und Gewürzen[5])
2. Das Fleisch nach dem Grillen salzen, sonst wird es trocken.
3. Grillzeit: Ungefähr 1-2 Minuten pro Zentimeter Fleischdicke.
4. Vorsicht! Fett darf nicht aufs Feuer tropfen. Das Fett auf dem Feuer bildet Krebserreger[6]. Deshalb das Fleisch vor dem Grillen mit einem Papierhandtuch abwischen!

1 meat kabobs **2** onion **3** mushrooms **4** garlic **5** herbs and spices **6** carcinogens

Beim Lesen

E. Wann kann man Fleisch auf den Grill legen?

F. Was grillen die Leute gewöhnlich?

G. Was soll man mit dem Fleisch tun, bevor man es grillt?

H. Was ist gefährlich?

Nach dem Lesen

Übungen

1 Wörter, die mit „grillen" zu tun haben

Lies „Sommerzeit ist Grillzeit" noch einmal und schreib alle Wörter auf, die das Wort „grillen" enthalten und schreib die Bedeutung daneben. Zum Beispiel: Grillzeit—grilling time, Grillmeister—grilling expert

2 Welches Wort passt in die Lücke?

Fett	Filetspieße	Grillgabel	Grillplätzen	Grillroste	
Gewürzen	Grillzange	Höfen	Holzkohle	Krebserreger	mariniert
Naturschutzgebiete	Papierhandtuch	Pilze	Strafe	Zwiebeln	

1. Wenn es warm ist, holen die deutschen Grillmeister ihre _____ aus dem Keller.
2. Sie grillen in Gärten und _____ und auf _____ im Freien.
3. Tabu sind _____, wo man nicht Grillen darf.
4. Wer dort grillt, muss mit einer _____ bis zu 500 Euro rechnen.
5. Stolz stehen die Grillmeister mit _____ und _____ vor dem Grill.
6. Sie warten, bis die _____ eine weiße Asche hat.
7. Was grillt man am besten? Hähnchen, Schweinekoteletts, _____, und vieles mehr.
8. Vegetarier grillen Gemüse wie Zucchini, Tomaten, _____, _____, und anderes Gemüse.
9. Es ist gut, wenn man das Fleisch über Nacht _____, mit Kräutern und _____.
10. Vorsicht, dass kein _____ aufs Feuer tropft!
11. Das Fett auf dem Feuer bildet _____.
12. Deshalb das Fleisch vor dem Grillen mit einem _____abwischen!

3 Grillt ihr zu Hause?

Schreib Antworten zu folgenden Fragen.

1. Wie oft grillt ihr?
2. Wann grillt ihr?
3. Wer grillt?
4. Wo grillt ihr?
5. Was grillt ihr? Welches Fleisch? Welche Wurst? Welches Gemüse?

4 Zum Nachdenken und Überlegen *Thinking and Reflecting*

Erzähle, wie ihr zu Hause grillt! (Wer grillt? Wann grillt ihr? Was grillt ihr? Was ist wichtig beim Grillen?)

Fastfood

schnell gehen!
Deutsche Schüler verlieren das Gefühl für gutes Essen: sie essen ungesund und immer schnell. 95 Prozent machen eine Dose auf[1], greifen in die Tiefkühltruhe[2] oder gehen in eine Imbissstube. Die schnellen Snacks von der Ecke sind die großen Renner[3]. Deutschlands junge Esser lieben Hamburger, Pizza oder irgendeine Wurst, eine Grillwurst. Besonders, wenn Mutti und Vati grillen!

Wer kann noch kochen?
„Kochen macht keinen Spaß", meinen viele Jugendliche, „wir können auch gut essen ohne kochen zu können." Wie ist das möglich? Lesen wir mal weiter, was einige Jugendliche zum Thema Kochen und Essen zu sagen haben.

1 open a can **2** freezer **3** the big hit

Beim Lesen

Musst du zu Hause dein Essen kochen, wenn du aus der Schule kommst? Kannst du kochen? Welche Gerichte kannst du kochen?

A. Essen deutsche Schüler gut?

B. Was tun sie meistens?

C. Was sind die großen Renner?

Beim Lesen

D. Was isst Michael, wenn er aus der Schule nach Hause kommt?

E. Was hat Elena vom Vater ihrer Freundin gelernt?

F. Wo lernt Karl-Uwe kochen, und was isst er gern?

Michael, 15:

„Ich mag nicht kochen und kann auch gar nicht kochen. Wenn ich aus der Schule nach Hause komme, mache ich fast immer ein Fertiggericht[1] auf. Meine Mutter arbeitet; sie hat also keine Zeit, für mich zu kochen. Ich esse aber gern, besonders Reisgerichte[2]. Und Reisgerichte kann man schnell aufwärmen."

Elena, 14:

„Ich kann einfache Gerichte kochen wie Nudeln und Eier, Spiegeleier[3]. Ich kann aber auch eine exzellente Pizza backen. Der Vater meiner Freundin hat uns gezeigt, wie man eine gute Pizza macht. Ich esse italienische Gerichte am liebsten, besonders Lasagne."

Karl-Uwe, 16:

„Wir lernen kochen in der Schule. Es ist wichtig, dass auch Männer kochen können. Bisher habe ich nur immer Spiegeleier gebraten und Ravioli aus der Dose aufgewärmt. Ich esse gern, zur Zeit leider nicht so gesund[4]: zu viele Chips und zu viel Schokolade."

1 frozen food **2** rice dishes **3** fried eggs **4** healthy

Dagmar, 17:

„Ich kann nur Fertiggerichte kochen. Wenn ich von der Schule nach Hause komme, mache ich mir manchmal Kartoffelpüree[1] mit Bratwurst, oder Pommes. Pommes und Pizza esse ich am liebsten. Oft gehe ich in die Stadt und hole mir etwas von einem Imbissstand: eine Currywurst oder einfach Pommes mit Mayonnaise. Das ist lecker, aber nicht so gesund."

Katarina, 15:

„Ich mache Diät, und wenn ich von der Schule nach Hause komme, mache ich mir meistens einen Salat, einen grünen Salat, mit rotem und gelbem Paprika, Radieschen, Möhren[2] und Zwiebeln. Fleisch esse ich selten. Manchmal sündige[3] ich und esse einen Hamburger mit Käse drauf und Pommes frites dazu. Das schmeckt auch!"

Ahmet, 15:

„Ich bin Türke, und wir essen viele türkische Gerichte zu Hause. Aber ich esse am liebsten andere Gerichte, wie Pizza, Hähnchen und vor allem Pommes. Ich liebe Pommes, besonders wenn sie dünn und knusprig[4] sind. Ein Glück, dass ich so viel essen kann, wie ich will. Ich nehme nicht zu."

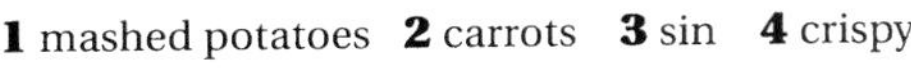

1 mashed potatoes **2** carrots **3** sin **4** crispy

Beim Lesen

G. Was kann Dagmar kochen?

H. Was isst sie am liebsten?

I. Was isst Katarina meistens und warum?

J. Was schmeckt auch lecker?

K. Was isst Ahmet alles gern?

L. Warum kann er viel essen?

Nach dem Lesen
Übungen

1 Wer sagt was?

Sieh dir die Fotos von den Schülern an und lies die folgenden Sätze. Wer sagt was? Wenn du es nicht weißt, lies den Text noch einmal!

a. 

b. 

c. 

_____ **1.** Ich mache mir meistens einen grünen Salat.

_____ **2.** Es ist wichtig, dass auch Männer kochen können.

_____ **3.** Ich kann aber auch eine exzellente Pizza backen.

_____ **4.** Ich liebe Pommes, wenn sie dünn und knusprig sind.

_____ **5.** Ich mache mir manchmal Kartoffelpüree mit Bratwurst.

_____ **6.** Ich esse zur Zeit nicht so gesund, zu viele Chips und Schokolade.

_____ **7.** Machmal sündige ich und esse einen Hamburger mit Käse drauf.

_____ **8.** Ich esse italienische Gerichte am liebsten.

_____ **9.** Ich mache Diät, wenn ich von der Schule nach Hause komme.

_____ **10.** Wir essen viele türkische Gerichte zu Hause.

_____ **11.** Bisher habe ich nur immer Spiegeleier gebraten.

_____ **12.** Oft gehe ich in die Stadt und hole mir etwas von einem Imbissstand.

_____ **13.** Ich kann so viel essen, wie ich will. Ich nehme nicht zu.

_____ **14.** Pommes mit Mayonnaise, das ist lecker.

_____ **15.** Fleisch esse ich selten.

d. 

e. 

2 Welches Wort passt in die Lücke?

backen · Diät · Fertiggericht · Gerichte · Imbissstube
italienische · knusprig · kochen · Möhren · Reisgerichte
Schokolade · Schule · Spiegeleier

1. Michael macht fast immer ein _____ auf, wenn er aus der Schule kommt.
2. Seine Mutter arbeitet; sie hat keine Zeit, für ihn zu _____.
3. Er isst _____ gern; die kann er schnell nach der Schule aufwärmen.
4. Elena kann einfache _____ kochen, wie Nudeln und _____.
5. Sie kann auch eine exzellente Pizza _____.
6. Am liebsten isst sie _____ Gerichte.
7. Karl-Uwe lernt kochen in der _____.
8. Er isst zur Zeit nicht gesund, zu viele Chips und zu viel _____.
9. Dagmar geht oft in eine _____.
10. Katarina macht _____.
11. Sie isst gern Salate mit Paprika, Radieschen und _____.
12. Ahmet isst am liebsten Pommes, besonders wenn sie dünn und _____ sind.

3 Fragen zum Text

1. Was essen die meisten Schüler?
2. Was isst die Schülerin, die eine Diät macht?
3. Wer kann kochen, wer nicht?

4 Zum Nachdenken und Überlegen *Thinking and reflecting*

1. Wer von diesen Schülern isst gesund? Wer ungesund? Warum?
2. Warum essen so viele Schüler Fertiggerichte?

5 Über dich

Such dir einen Schüler oder eine Schülerin als Beispiel aus und schreib dann etwas über dich selbst: wie du heißt, wie alt du bist, was du am liebsten isst, ob du kochen kannst oder nicht.

Dies und das

1 Sprichwörter über „essen"

Wie heißen diese Sprichwörter in Englischen?

Man ist, was man isst!

Der Appetit kommt beim Essen.

Man lebt nicht, um zu essen, sondern man isst, um zu leben.

Wer gut essen will, darf den Koch nicht beleidigen.[1]

(Chinesisches Sprichwort)

2 Zwei Gedichte:

Über die Menschen

Guten Tag, Frau Montag,
wie geht's der Frau Dienstag?
Ganz gut, Frau Mittwoch.
Bitte sagen sie der Frau Donnerstag,
ich komme mit der Frau Freitag
am nächsten Samstag
zum Kuchenessen zur Frau Sonntag.

Heute auf dem Ball
tanzt der Herr von Zwiebel
mit der Frau von Petersil[2]
ach, das ist nicht übel.

3 Eine humorvolle Anekdote

Diese Anekdote hat ein verwandtes Wort *(a cognate)*, das aber nicht verwandt ist. Es hat eine andere Bedeutung *(it is a false cognate)*. Welches Wort ist das?

Karl ist nicht gut in Englisch, und deshalb schicken ihn seine Eltern im Sommer nach England. Unterwegs—ich glaube in Harwich—geht Karl in ein Restaurant und bestellt ein Beefsteak.

Karl wartet zehn Minuten, er wartet 15 Minuten. Da ruft er den Kellner: „Waiter, when do I become a beefsteak?" Der Kellner antwortet: „I hope never, my boy."

1 insult **2** parsley

Kapitel 7

Vor dem Lesen
Keine Ferien! Wir müssen jobben!

Wichtige Schlüsselwörter Es gibt in einem Lesestück Wörter, die den ganzen Text zusammenhalten. Solche Wörter zeigen die Beziehungen *(relationships)* zwischen verschiedenen Teilen im Text, wie Reihenfolge *(sequence)*, Ursache *(cause)* und Effekt. Schlüsselwörter können Wörter sein wie Pronomen, Konjunktionen wie „aber, wenn, weil" oder Wörter, die eine Reihenfolge anzeigen, wie „dann, danach, zuletzt."

Übung

Lies die folgenden Sätze und schreib die Schlüsselwörter auf, die den Text zusammenhalten.

1. Die Nadine möchte gern nach Italien fahren. Sie möchte dort schwimmen und in der Sonne liegen. Aber sie muss zu Hause bleiben.
2. Nadine arbeitet als Rettungsschwimmerin, weil sie gut schwimmen kann.
3. Max findet Computerspiele interessant. Aber jetzt muss er zu Hause bleiben, weil er für Englisch und Mathe lernen muss.
4. „Hansi, dein Lied ist sehr schön, aber du singst leider nicht sehr gut."

Landeskunde

Musikunterricht gibt es an jeder deutschen Schule. Es gibt Musikchöre und Kapellen. Wenn Schüler Instrumente spielen, müssen sie Unterricht bei einem privaten Musiklehrer nehmen und selbst dafür bezahlen. Singen und Musizieren ist in den deutschsprachigen Ländern sehr beliebt. In fast allen Dörfern und Städten gibt es Gesangsvereine und Musikgruppen aller Art, von Popmusik, über Blasmusik bis zu Hausmusikern, die gewöhnlich klassische Musik spielen. Gesangvereinen und Musikgruppen halten Wettbewerbe. Die besten Vereine oder Gruppen besuchen andere Städte und Länder.

Beim Lesen

Was machst du in deinen Ferien? Fährst du weg oder bleibst du zu Hause? Musst du jobben? Welchen Job hast du am liebsten?

A. Wohin möchte Nadine fahren, und was möchte sie dort tun?

B. Warum muss sie zu Hause bleiben?

C. Was macht sie jetzt in den Ferien?

D. Was macht Mark im Sommer?

Keine Ferien! Wir müssen jobben!

Ich möchte gern mit meinen Freunden nach Italien fahren, an die Adria, am Strand liegen und faulenzen[1]! Aber ich muss zu Hause bleiben, ich muss jobben, Geld verdienen. Ich muss die Gebühren[2] für mein Handy selbst bezahlen, und ich möchte mir neue Software für meinen Computer kaufen.

Aber ich hatte Glück. Ich kann in den Ferien auch am Wasser sein, an einem See[3]. Ich arbeite als Rettungsschwimmerin[4], weil ich gut schwimmen kann. Der Job ist toll: ich bin das Baywatch-Mädchen, mit Handy, Fernglas[5], Megafon und Erste-Hilfe-Tasche. Cooool!

Nadine

Mark

Ich kann jetzt im Sommer auch nicht weg. Ich habe einen Job, der mit alten Leuten[6] zu tun hat. Ich muss jeden Tag in ein anderes Altenheim[7] gehen und alten Leuten helfen. Ich gehe für sie einkaufen, ich gieße ihre Blumen, ich bringe ihre Katzen oder Hunde zum Tierarzt[8] oder bringe ihre Briefe zur Post.

1 be lazy **2** fee **3** lake **4** lifeguard **5** binoculars **6** old people **7** retirement home **8** veterinarian

Ich gehe zweimal in der Woche am Nachmittag in ein Blindenheim. Dort wohnen Leute, die nicht mehr gut sehen, also nicht mehr lesen können, oder ganz blind sind. Da muss ich den Leuten aus der Zeitung vorlesen[1] oder aus Büchern, oft Märchen oder andere Geschichten, die sie kennen – auch Gedichte[2] muss ich vorlesen. Aber da bin ich nicht so gut.

Ich hatte Pech. In Deutsch hab ich eine Fünf und in Mathe eine Vier: Ich muss die neunte Klasse wiederholen. Das ist ärgerlich, aber total meine Schuld[3]. Surfen im Netz ist cool, und Computerspiele sind so interessant! Aber jetzt kann ich nicht in die Ferien fahren, zu meinen Großeltern in München. Ich muss zu Hause bleiben und Deutsch und Mathe büffeln[4]. Meine Chance ist, die Nachprüfung zu machen und eine gute Note zu bekommen. Ich will mit meinen Freunden in der gleichen[5] Klasse sein. Ich muss jetzt dreimal in der Woche für zwei Stunden in einer anderen Schule einen Kurs machen. Dort bekommen alle Schüler in kleinen Gruppen Unterricht[6]. Drückt mir den Daumen[7], damit ich meine Nachprüfung gut bestehe!

1 read to **2** poems **3** fault **4** to study hard *(slang)* **5** the same **6** instruction **7** keep your fingers crossed (lit.: *hold your thumbs*)

Beim Lesen

E. Was macht Flori in den Ferien?

F. Was muss er dort tun?

G. Warum muss Max die 9. Klasse wiederholen?

H. Was kann er jetzt nicht tun?

I. Was muss er tun?

J. Was tut er jetzt dreimal in der Woche?

Beim Lesen

K. Was macht Julia in den Ferien?

L. Was macht Gerd mit seinen Freunden?

M. Was macht Ulla?

N. Worauf hoffen die Schüler?

Julia

Was ich in den Ferien mache? Erst einmal zwei Wochen mit meinen Eltern am Bodensee, und dann? Ich muss Saxofon üben; ich möchte so gut sein, dass ich in der Mädchenband unserer Schule mitspielen darf. Ich schreibe Texte für die Band, aber ich möchte auch selber Musik machen, das macht mehr Spaß.

Ich bin Gerd, der Sprecher unserer Musikgruppe. Wir texten und komponieren alle Lieder selbst. Wir kommen deshalb einmal in der Woche auf dem Schulhof zusammen, gewöhnlich vor unserer bunten Graffitiwand[1]. Jeder bringt eine Idee für einen Liedertext. Wir sprechen über die Texte und schreiben danach gemeinsam[2] einen Song, der uns gefällt. Ulla, unsere beste Sängerin, hat immer super Ideen für passende Melodien. Und bald singen wir unseren eigenen Song. Wir haben schon ein kleines Repertoire von 10–15 guten Liedern, und wir hoffen, dass wir bald einmal unsere Lieder in einem Konzert singen können.

Gerd

1 graffiti wall **2** together

Nach dem Lesen
Übungen

Was müssen diese Schüler tun?

Lies noch einmal, was diese Jungen und Mädchen sagen! Schreib alle Verben auf, die mit dem Verb „können" und „müssen" erscheinen.
Zum Beispiel: Ich kann gut *schwimmen*; Ich muss zu Hause *bleiben*.

Welches Wort passt in die Lücke?

bezahlen	bringen	büffeln	faulenzen
gehen	helfen	liegen	machen
üben	verdienen	vorlesen	wiederholen

1. Ich möchte gern am Strand _____ und _____.
2. Ich muss jobben, ich muss Geld _____.
3. Ich muss meine Handygebühren selbst _____.
4. Ich muss in den Ferien alten Leuten _____.
5. Ich muss einkaufen _____ und Briefe zur Post _____.
6. Ich muss den Leuten aus der Zeitung _____.
7. Ich muss die neunte Klasse _____.
8. Ich muss in den Ferien für Deutsch und Mathe _____.
9. Ich muss dreimal in der Woche einen Kurs _____.
10. Ich muss Saxofon _____.

3

Was machen diese Schüler?

Welche Wörter passen zusammen? Wenn du es nicht weißt, sieh im Text nach!

1. am Strand	**a.** arbeiten
2. Geld	**b.** bezahlen
3. Gebühren	**c.** haben
4. Glück	**d.** liegen
5. als Rettungsschwimmerin	**e.** verdienen

Nadine

Mark

1. in ein Altenheim	**a.** zum Tierarzt bringen
2. alten Leuten	**b.** gehen
3. Blumen	**c.** zur Post bringen
4. Katzen und Hunde	**d.** gießen
5. Briefe	**e.** helfen

1. Pech	**a.** mein Schuld
2. eine Klasse	**b.** drücken
3. das ist	**c.** wiederholen
4. im Netz	**d.** haben
5. den Daumen	**e.** surfen

Max

Julia

1. Saxofon	**a.** machen
2. in einer Band	**b.** Spaß
3. Texte	**c.** mitspielen
4. Musik	**d.** üben
5. das macht	**e.** schreiben

1. einmal in der Woche	**a.** haben
2. über die Texte	**b.** singen
3. einen Song	**c.** sprechen
4. Ideen	**d.** zusammenkommen
5. In einem Konzert	**e.** schreiben

Gerd

Zum Nachdenken und Überlegen

1. Wer von diesen Jungen und Mädchen möchtest du sein oder nicht sein? Warum? Warum nicht?
2. Musst du in den Ferien jobben? Was muss du tun? Erzähl das deinen Klassenkameraden!
3. Schreib eine kleine Geschichte über dich selbst! Titel: Was ich in den Ferien tun muss.

Wer singt mit?

Peter, Michael, Uwe und Andy spielen Instrumente. Sie haben eine Band.

Peter spielt Gitarre.

Michael spielt Saxofon.

Uwe spielt Trompete und Gitarre.

Andy ist der Schlagzeuger.

Die Freunde sind bei Peter und üben. Nächste Woche ist eine Party bei Peter, und sie wollen Musik machen.

„Los!" sagt Peter. „Beginnen wir!"

„Was spielen wir zuerst?" fragt Uwe.

„Katerina, Katerina!" ruft Hansi, Peters kleiner Bruder.

„Warum Katerina?" fragt Andy den 5-jährigen Hansi.

„Meine Freundin heißt Katerina", meint Hansi.

„Deine Freundin Katerina Lembke!" ruft Peter. „Die ist noch im Kindergarten! Nein, wir beginnen mit 'Lola, Lola!'"

Die Freunde spielen, Hansi hört zu.

„Spielt lauter!" ruft Hansi.

Die Freunde spielen lauter.

„Ja, so ist's besser!" ruft Hansi.

„Ich spiele jetzt ein Trompetensolo", sagt Uwe.

„Do-Re-Mi-Fa-So-La-Ti-Do" singt eine Stimme.

„Halt den Mund, Hansi!" schreit Uwe.

„Ich bin das nicht. Das ist Fräulein Schwarz. Sie wohnt über uns, und sie singt immer."

Beim Lesen

Spielst du ein Instrument oder bist du vielleicht in einer Band? Welches Instrument spielst du? Welche Musik hast du am liebsten?

A. Welche Instrumente spielen die Jungen?

B. Wo spielen die vier und warum spielen sie?

C. Wer ist Hansi?

D. Welches Lied möchte Hansi hören?

E. Wer singt jetzt?

Beim Lesen

F. Was sagt Peter zu Hansi?

G. Was soll die Mutter tun?

H. Was sagt Peter dann?

I. Welches Lied singt Hansi?

J. Wer kommt und was sagt sie?

„Hansi", sagt Peter, „geh zu Fräulein Schwarz und sag, sie soll bitte aufhören[1]!"

Hansi geht ans Fenster. „Aufhören! Aufhören!" schreit er.

„Viva, viva, viva la musica . . ." singt Fräulein Schwarz.

„Mutti, Mutti!" ruft Peter. „Geh bitte zu Fräulein Schwarz. Sie soll aufhören!"

„Nein, Peter, das mache ich nicht", sagt Frau Glatt. „Das Fräulein Schwarz singt immer. Sie hört nicht auf."

„O, du mein Leben, mein Leben . . ." singt Fräulein Schwarz jetzt.

Die Freunde spielen nicht mehr.

„Fräulein Schwarz heißt Susanne, nicht wahr, Mutti?" fragt Peter.

„Ja", sagt Frau Glatt. „Sie heißt Susanne Schwarz."

„Hansi!" ruft Peter. „Geh ans Fenster und sing 'O, Susanne!' Hier ist ein Mikrofon. Und sing laut!"

Hansi singt: „O Susanne, wie ist das Leben noch so schön!"

Fräulein Schwarz singt nicht mehr. „Hurrah!"

Da klopft es an der Tür. Es ist Fräulein Schwarz.

„Hansi", sagt Fräulein Schwarz. „Dein Lied ist sehr schön, aber du singst leider nicht sehr gut. Ich singe besser."

Sie wendet sich an[2] Peter, Andy, Uwe und Michael und sagt: „Ihr spielt jetzt, und ich singe. Zuerst singen wir 'O Susanne', dann 'Katerina' und dann . . ."

„O, mein Gott!" sagt Uwe, „dann singen wir 'Du, du, du, nur du bist mein Leben . . .'"

„Stimmt!" sagt Fräulein Schwarz.

MARGOT PARONIS

1 tell her to please stop **2** she turns to

Nach dem Lesen

Übungen

1 Richtig oder falsch?

Richtig	Falsch	
☐	☐	**1.** Fräulein Schwarz übt für ihre Party.
☐	☐	**2.** Sie hat einen kleinen Bruder; er heißt Hansi.
☐	☐	**3.** Hansi liebt das Lied „O Susanne".
☐	☐	**4.** Peter, Uwe, Michael und Andy haben eine Band.
☐	☐	**5.** Sie üben ein Trompetensolo für Frl. Schwarz.
☐	☐	**6.** Fräulein Schwarz wohnt unter ihnen.
☐	☐	**7.** Fräulein Schwarz sagt: „Hansi, ich singe besser."
☐	☐	**8.** Jetzt singt sie mit den Jungen drei Lieder.

2 Die richtige Reihenfolge

Welcher Satz kommt zuerst? Dann? Danach?

A. — „Halt den Mund!" schreit Uwe.

B. — Da singt plötzlich eine Stimme.

C. — Dann klopft es an der Tür. Es ist Frl. Schwarz.

D. — Es ist Frl. Schwarz. Sie singt immer.

E. — Die Jungen beginnen mit „Lola, Lola".

F. — Die Jungen üben für eine Party.

G. — Hansi geht ans Fenster und ruft: „Aufhören!"

H. — Sie sagt: „Ihr spielt jetzt, und ich singe!"

I. — Und sie spielen und singen drei Lieder zusammen.

J. — Hansi sagt, er möchte zuerst „Katerina" hören.

1. ____ **2.** ____ **3.** ____ **4.** ____ **5.** ____ **6.** ____ **7.** ____ **8.** ____ **9.** ____ **10.** ____

Dies und das

1 Zitate: Über die Musik

Wie heißen diese Zitate im Englischen?

Musik wird oft nicht schön empfunden[1],
weil sie stets mit Geräusch[2] verbunden[3]!
Wilhelm Busch

Die **Musik** ist heutzutage
wohl der Menschheit[4] größte Plage.
Heinrich Seidel

Wer das **Singen** recht versteht, ist aller Herzen König[5].
Paul Heyse

Wo man **singt,** da lass dich nieder[6];
böse Menschen[7] haben keine Lieder.
J.G. Seume, Die Gesänge

2 Ein Lied: Auf der Mauer

„Auf der Mauer, auf der Lauer" ist ein populäres Lied, das die meisten deutschen Schüler kennen und singen. Ihr findet bestimmt die Melodie dazu im Internet.

*Repeat the song six times, each time leaving off one more letter of the words **Wanzen** and **tanzen:** 1. (Wanzen), (tanzen) 2. (Wanze), (tanze) 3. (Wanz), (tanz) 4. (Wan), (tan) 5. (Wa), (ta) 6. (W), (t) 7. ( ), ( ).

1 considered **2** noise **3** connected with **4** mankind **5** king of all hearts **6** there you settle down **7** bad people **8** in wait **9** bug

Kapitel

8 Vor dem Lesen
Eine feine Nase

Voraussagen, was passiert Wenn wir einen Text lesen, denken wir voraus. Wir möchten wissen, was passiert *(happens)*. Was wir vorausdenken, sind Vermutungen *(guesses)*. Sie basieren auf unseren eigenen Lebenserfahrungen *(experiences)* und unserem Wissen. Unsere Vermutungen können falsch oder richtig sein. Wenn wir lesen, müssen wir unsere Vermutungen ständig revidieren *(revise)* und neuen Informationen anpassen *(adapt)*.

Übung

Wenn wir gewisse Sätze oder Satzteile lesen, denken wir: aha, jetzt kommt bestimmt das und das. Haben wir Recht? Manchmal ja, manchmal nein. Welche Satzteile passen am besten zusammen?

1. Vor dem Schaufenster stehen 30 bis 40 Leute.

2. Der Vorhang geht zur Seite: Da ist eine Figur.

3. Die Puppe sieht aus, als ob sie niesen möchte.

4. Der Junge ist so aufgeregt, so glücklich.

a. Ist das ein Mensch oder eine Figur?

b. Sie schauen ins Fenster, auf eine schöne Figur.

c. Was werden die Eltern wohl sagen?

d. Und da: Die unechte Puppe niest!

Landeskunde

Was vor vielen Jahren in den USA passiert ist, passiert heute in Deutschland und in anderen europäischen Ländern: Kleine Geschäfte, die sogenannten Tante-Emma-Läden, die Obst und Gemüse, Fleisch und Wurstwaren, Bekleidung, Geschenkartikel und so weiter verkauft haben, werden heute von den großen Geschäftsketten vertrieben *(put out of business)*. Früher waren die kleinen Läden der Ort, wo man sich jeden Morgen beim Einkaufen getroffen hat und Neuigkeiten ausgetauscht hat. Die großen Geschäfte können ihre Waren billiger anbieten!

Beim Lesen

Warum heißt diese Geschichte wohl „Eine feine Nase"? Denk an die vielen verschiedenen Schaufensterpuppen, die du überall in den Geschäften siehst.

A. Was ist bei Wagners los?

B. Was machen die Leute?

C. Was sagt das Schild?

D. Wie lange steht die Figur im Schaufenster?

E. Was sehen die Leute, als der Vorhang zur Seite geht?

F. Was macht die Figur?

G. Was passiert dann?

Eine feine Nase

„Was ist denn heute nur bei Wagners los[1]?" sagen die Leute, die an seiner neuen Mode-Boutique in der Bahnhofsstraße vorbeigehen.

Und wirklich! Vor dem Schaufenster[2] stehen bestimmt 30 bis 40 Leute. Wenn einer geht, kommt ein anderer dazu. Alle schauen ins Schaufenster und auf die schöne Figur, die im Schaufenster steht.

Und da ist ein Schild:

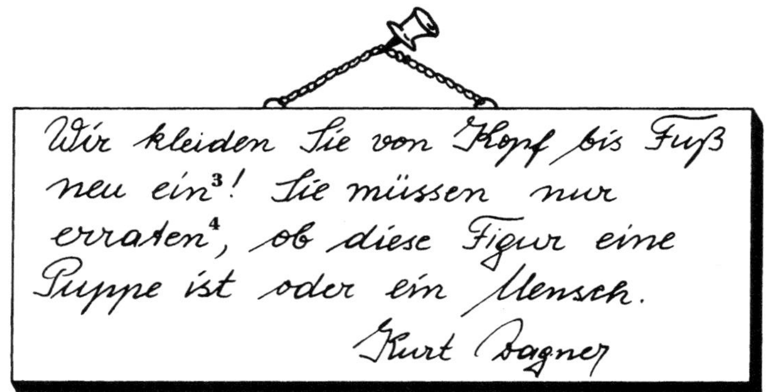

Das kann doch gar nicht so schwer sein! Nun, die Figur steht immer nur ein paar Minuten im Schaufenster, zweimal am Vormittag und dreimal am Nachmittag. Und bis jetzt hat noch niemand die richtige Antwort.

Jetzt geht der Vorhang[5] ganz zur Seite, und die Leute sehen die hübsche Figur. Ist das eine Puppe, oder ist das ein richtiger Mensch[6]?

Die schöne Figur macht ruckartige Bewegungen[7] wie eine richtige Puppe. Die Leute sehen genau hin: Puppe oder Mensch? Puppe oder Mensch?

Da plötzlich ist die hübsche Figur nicht mehr so steif! Ja, sie ist plötzlich ganz rot im Gesicht[8] und jetzt – es sieht so aus, als ob die Figur niesen möchte[9]. Und da: Die unechte Puppe niest! Einmal, zweimal, dreimal niest sie, wie ein richtiger Mensch! Und da geht schnell der Vorhang zu.

1 what's going on **2** in front of the display window **3** we'll clothe you **4** guess **5** curtain **6** a real person **7** jerky movements **8** in the face **9** as if the figure would like to sneeze

Die Leute jubeln und klatschen in die Hände. Und schon rennt ein vielleicht fünfzehnjähriger Junge mit langen, lockigen Haaren ins Geschäft. „Wo ist Herr Wagner, bitte?" Und als der Junge den Herrn Wagner sieht, rennt er zu ihm und legt eine Schachtel[1] Niespulver vor ihn auf den Ladentisch[2].

„Herr Wagner", beginnt er ganz aufgeregt[3], „ich habe gesehen, dass im Schaufenster ein paar Luftlöcher[4] sind. Und da habe ich auf die feine Nase der Puppe vertraut[5]."

Herr Wagner schüttelt den Kopf und beglückwünscht den blondgelockten Jungen. „Und jetzt kleiden wir dich von Kopf bis Fuß neu ein."

Der Junge ist noch immer aufgeregt, aber so glücklich. „Was die Eltern wohl sagen, wenn ich mit neuen Klamotten nach Hause komme?"

„Und wenn du willst", sagt Herr Wagner zu dem Jungen, „kannst du einmal in meinem Geschäft arbeiten, wenn du mit der Schule fertig bist."

Auch Herr Wagner hat eine feine Nase.

1 box **2** counter **3** excitedly **4** air holes **5** I relied upon

Beim Lesen

H. Was tun die Leute?

I. Wie sieht der Junge aus?

J. Was zeigt er Herrn Wagner?

K. Was erzählt der Junge?

L. Was sagt Herr Wagner?

M. Warum ist der Junge so aufgeregt?

N. Warum hat Herr Wagner auch eine feine Nase?

Nach dem Lesen

Übungen

Welches Wort passt in welche Lücke?

erraten Figur Fuß Gesicht Haaren Hände Kopf Ladentisch Leute los Luftlöcher macht Mensch Nase niest Puppe Schachtel Schaufenster Schild steht steif Vorhang

1. „Was ist nur bei Wagners _____?” sagen viele Leute.
2. Vor dem _____ stehen viele _____.
3. Alle schauen auf eine schöne _____, die im Schaufenster _____.
4. Und da ist ein _____.
5. „Sie müssen _____, ob die Figur eine _____ oder ein _____ ist.”
6. Jetzt geht der _____ zur Seite. Die Figur _____ ruckartige Bewegungen.
7. Plötzlich ist die Puppe nicht mehr so _____; sie ist ganz rot im _____.
8. Und da: Die unechte Puppe _____!
9. Die Leute jubeln und klatschen in die _____.
10. Da läuft ein Junge mit lockigen _____ ins Geschäft.
11. Der Junge sieht Herrn Wagner und legt eine _____ Niespulver auf den _____.
12. Er sagt: „Ich hab gesehen, dass im Schaufenster ein paar _____ sind.”
13. „Ich habe auf die feine _____ der Puppe vertraut.”
14. Herr Wagner beglückwünscht den Jungen und sagt: „Und jetzt kleiden wir dich von _____ bis _____ neu ein!”

Wir kleiden Sie von Kopf bis Fuß neu ein! Sie müssen nur erraten, ob diese Figur eine Puppe ist oder ein Mensch.
Kurt Wagner

2 In welcher Reihenfolge?

Was kommt zuerst? Dann? Danach?

A. __Plötzlich ist die Figur ganz rot im Gesicht.

B. __„Im Schaufenster sind Luftlöcher! Und da habe ich. . .”

C. __„Wo ist Herr Wagner?” ruft ein Junge.

D. __„Wir kleiden Sie neu ein, wenn Sie erraten, ob diese Figur eine Puppe oder ein Mensch ist.”

E. __Die Leute jubeln und klatschen in die Hände.

F. __Vor dem Schaufenster stehen 30 bis 40 Leute.

G. __Die schöne Figur macht ruckartige Bewegungen, wie eine Puppe.

H. __Herr Wagner beglückwünscht den Jungen und kleidet ihn von Kopf bis Fuß neu ein.

I. __Und da: Die unechte Puppe niest!

J. __Alle schauen auf die schöne Figur im Schaufenster.

K. __Der Junge legt eine Schachtel Niespulver auf den Ladentisch.

1. ____ 2. ____ 3. ____ 4. ____ 5. ____ 6. ____ 7. ____ 8. ____

9. ____ 10. ____ 11. ____

3 Und du?

1. Erzähle diese Geschichte deinen Klassenkameraden.
2. Führ diese Geschichte mit anderen Klassenkameraden vor einer anderen Klasse auf *(act out)*.

Beim Lesen

Hallo, aufpassen! Ein Junge kauft ein Schlankheitsmittel? Für wen kann dieses Mittel wohl sein? Rate mal, bevor du den Text liest!

A. Was ist Minimal?

B. Was kostet eine Schachtel Minimal?

C. Was möchte der Drogist wissen?

D. Für wen ist das Minimal?

E. Warum gibt Manfred dem Kaninchen Minimal?

Eine neue Schlankheitskur[1]

Der kleine Manfred, vielleicht zehn Jahre alt, kommt in die Drogerie*. Er legt eine 2-Euro-Münze auf den Ladentisch und schaut auf den Drogisten.

„Ich möchte eine Schachtel Minimal."

„Das Schlankheitsmittel Minimal?"

„Ja, das Schlankheitsmittel Minimal. Das brauche ich", antwortet der Junge.

Der Drogist gibt ihm eine Schachtel Minimal, gibt ihm zehn Cent zurück, und der kleine Manfred verlässt die Drogerie.

Aber schon nach acht Tagen ist er wieder da. Er kauft wieder eine Schachtel Minimal und geht wieder nach Hause.

Und jetzt kommt er jede Woche, und immer kauft er eine Schachtel Minimal.

Der Drogist versteht nicht, warum der Junge schon wieder da ist, und er fragt ihn: „Holst du das Minimal für deinen Vater oder für deine Mutter?"

„Nein", sagt der kleine Manfred. „Das Minimal ist . . . ist für mich."

„Für dich?" fragt der Drogist. „Mein Gott, du isst das Minimal? Aber das . . . "

„Nein", sagt Manfred, „ich ess es nicht. Norbert isst das Minimal."

„Und wer ist Norbert? Dein Bruder? Ein Freund?" fragt der Drogist.

„Ach, Norbert ist mein Kaninchen[2]!"

„Minimal für ein Kaninchen? Das verstehe ich nicht. Warum denn?"

„Norbert muss schlank sein! Vati sagt, wenn das Kaninchen fett ist, möchte er es schlachten[3]."

1 method for losing weight **2** rabbit **3** butcher

***Eine Drogerie** is a store in which non-prescription drugs are sold. **Drogerien** also sell other articles, such as teas, cosmetics, toiletries, film, sunglasses, etc.

Nach dem Lesen
Übungen

1 Welches Wort passt in welche Lücke?

Drogerie	Drogist
fett	Kaninchen
kauft	Ladentisch
mich	Münze
Mutter	Schachtel
schlachten	schlank
Schlankheitsmittel	
Tagen	Vater
Woche	

1. Der kleine Manfred kommt in die _____.
2. Er legt eine 2-Euro-_____ auf den _____.
3. Er sagt: „Ich möchte eine _____ Minimal."
4. „Ja, das _____ Minimal."
5. Der _____ gibt ihm eine Schachtel Minimal.
6. Nach 8 _____ kommt der Junge wieder.
7. Und dann kommt er jede _____ und _____ Minimal.
8. „Ist das Minimal für deinen _____ oder deine _____?"
9. „Das Minimal ist für _____!" sagt der Junge.
10. „Nun, das Minimal ist für mein _____," sagt der Junge.
11. „Norbert, so heißt mein Kaninchen, muss _____ sein."
12. „Vati sagt, wenn das Kaninchen _____ ist, möchte er es _____."

2 Die richtige Reihenfolge

Welcher Satz kommt zuerst? Dann? Danach?

A. —Dann kommt er jede Woche.

B. —Der Drogist möchte wissen, für wen das Minimal ist.

C. —Der Junge sagt, das Minimal ist für Norbert.

D. —Der kleine Manfred kommt in die Drogerie.

E. —Norbert, das Kaninchen, muss schlank bleiben.

F. —Nach einer Woche kommt er wieder.

G. —Er möchte eine Schachtel Minimal kaufen.

H. —Wenn das Kaninchen fett ist, möchte es der Vater schlachten.

I. —Er legt 2 Euro auf den Ladentisch.

1. ___ 2. ___ 3. ___ 4. ___ 5. ___
6. ___ 7. ___ 8. ___ 9. ___

3 Und du?

Schreib eine ähnliche Geschichte, mit anderen Personen und einem anderen Tier.

Dies und das

1 Denkspiele

Lies diese drei Denkaufgaben und schreib deine Lösungen *(solutions)* auf.

a. Aus einem Schüleraufsatz „Endlich sind die Sommerferien da! Jetzt zehn Tage schwimmen und faulenzen, in der Sonne liegen. Prima!, . . . Der ICE-Express bringt unsere kleine Musikgruppe (14 Jungen und Mädchen und 2 Lehrer) in 2 1/2 Stunden von Frankfurt nach Hamburg. Von hier aus geht es mit einem tollen Schiff über die Ostsee zu unserem Ziel. Das Ziel ist die Insel[1] Helgoland." Was stimmt an diesem Bericht[2] nicht?

b. Obst, Gemüse und Mathematik Wie viel wiegt eine Orange, eine Gurke, eine Kirsche, wenn eine Tomate 120 Gramm wiegt? —Die Orange wiegt so viel wie zehn große Kirschen. Die Gurke wiegt so viel wie zwei Orangen und zwei Tomaten. Und sechs Kirschen wiegen so viel wie eine Tomate.

c. Mutter und Tochter Die Tochter ist 15 Jahre alt. Die Mutter ist dreimal älter. In wie vielen Jahren wird die Mutter nur noch doppelt so alt sein wie ihre Tochter?

2 Zitate: Über das Denken

Wie heißen diese Zitate im Englischen?

Ich **denke,** also bin ich.
(R. Descartes)

Ich sage wenig[3], **denke** desto mehr.
(Shakespeare, Heinrich IV.)

Es kommt wenig darauf an[4], wie wir schreiben,
aber viel, wie wir **denken.**
(G. E. Lessing)

Das **Denken** soll man den Pferden überlassen[5]:
sie haben größere Köpfe.
(eine scherzhafte Redensart)

1 island **2** report **3** little **4** it matters little **5** should be left to horses

Kapitel

9 Vor dem Lesen München

Unsere Leseabsicht erkennen Wir lesen einen Text aus verschiedenen Gründen: einen Roman *(novel)* zur Unterhaltung, einen Sachtext zur Information. Zum Beispiel ein Bericht über München, hier ein Sachtext, enthält viele Informationen. Als Leser suchen wir nach Informationen, die uns besonders interessieren. Ist es die Geschichte der Stadt, die Architektur, Touristenziele oder Volksfeste?

Übung

Wenn wir wissen, was uns am meisten interessiert, lesen wir diese Textteile auch am liebsten. Welche Teile im Text interessieren dich am meisten?

1. Computerfirmen, Autofirmen	**a.** Architektur
2. Theater, Museen, Galerien	**b.** beliebte Touristenziele
3. barocke Kirchen, klassische Fassaden	**c.** Essen
4. Rathaus, Marienplatz	**d.** Oktoberfest
5. Schweinshaxe, Leberkäs	**e.** Kunst
6. Stimmung, singen, schunkeln	**f.** Industrie

Landeskunde

Die Münchner sind stolz auf ihre Traditionen. Sie lieben ihre traditionelle Kleidung, ihre Speisen, ihr Münchner Bier, das sie besonders gern in einem der vielen Biergärten trinken, die es in München gibt. Sie lieben ihre Feste und Feiertage, ihre vielen Vereine, ihre Innenstadt mit dem Marienplatz, der „Guten Stube", ihre Radlwege, die es in der ganzen Stadt gibt. Sie lieben ihre U-Bahn und ihre alte Straßenbahn, ihre Sonnenplätze an Seen und an der Isar. Und sie verehren vor allem ihre Söhne und Töchter, die die Münchner Traditionen in ganz Deutschland bekannt gemacht haben.

Karl Valentin

Liesl Karlstadt

Beim Lesen

Du hast bestimmt schon viel über München gelesen. Was interessiert dich an der Stadt am meisten? Was möchtest du sehen, wenn du nach München kommst?

A. Wie alt ist München?

B. Wie nennen manche Leute München?

C. Welche Industrien gibt es in München?

D. Was macht München so attraktiv?

E. Welche Attraktionen bietet die Stadt?

München

BMW Museum

München, 1158 gegründet, ist Deutschlands Metropole im Süden, Wohnsitz und Heimat[1] von 1,3 Millionen Menschen, darunter fast 100 000 Studenten. München ist eine Stadt, die man mag[2]. Eine Großstadt? Ja und nein. Manche sagen, München ist das Millionendorf Deutschlands. Und das mit Recht[3]!

Was ist diese Stadt —oder dieses große Dorf— für die Einheimischen[4] und die Besucher zugleich? München ist keine Industriestadt, und doch gibt es hier viele Industrien, sogenannte saubere Industrien: Computerfirmen (Siemens), Autofirmen (BMW), Flugzeugfirmen (Messerschmidt/Bölkow), Filmstudios (Bavaria), über 300 Verlage[5] und viele andere Firmen.

Also, was ist es, was diese Stadt so attraktiv macht, dass man sie „Stadt mit Herz" nennt? Ist es die „Gemütlichkeit", die sie ausstrahlt[6]? Das Barock, das an Italien erinnert[7]? Sind es die vielen künstlerischen[8] Attraktionen, die Besucher aus aller Welt nach München bringen? München hat 58 Theater, 46 Museen und Bildergalerien, zwei Opernhäuser und drei große Orchester mit weltberühmten Dirigenten.

Wie gesagt hat München einen südlichen Charakter: barocke Kirchen, italienische Renaissance-Fassaden, klassisch-griechische Gebäude, die München den Namen „Isar-Athen" gegeben haben.

Theatinerkirche

Staatsoper

1 residence **2** one likes **3** Rightly so! **4** local population **5** publishing houses **6** radiates **7** reminds one **8** artistic

München ist gemütlich[1]. Wer kennt nicht „die gute Stube" Münchens, den Marienplatz mit dem Alten und dem Neuen Rathaus, mit der Mariensäule und dem Blick auf die Frauenkirche dahinter?

Und wer geht nicht gerne zum Viktualienmarkt und sieht sich die bunten Stände an, wo es alles gibt, was das Herz begehrt[2]? Obst und Gemüse aus vielen Ländern Europas, frischen Fisch aus der Nordsee und aus dem Mittelmeer, Fleisch, Käse, Gewürze[3] und Blumen aus aller Welt.

Marienplatz

Beim Lesen

F. Wie heißt der Marienplatz auch?

G. Was gibt es alles auf dem Viktualienmarkt?

Auf dem Viktualienmarkt gibt es eine Statue, die Karl Valentin gewidmet[4] ist. Karl Valentin (1882-1948), als Valentin Ludwig Fey geboren, war der Komiker Münchens. Er schrieb Monologe und grotesk-komische Szenen und führte sie mit seiner Bühnenpartnerin[5] Liesl Karlstadt auf[6]. Hier zwei Kostproben:

Valentin bietet einem Bekannten, der seine Hausschlüssel vergessen hat, die Schlüssel zu seiner eigenen Wohnung an mit den Worten: „Nehmen's meine Schlüssel, ich geh heut sowieso net hoam."

H. Wer ist Karl Valentin?

I. Wofür ist Valentin bekannt?

1 restful **2** desires **3** spices **4** dedicated to **5** stage partner **6** staged

Beim Lesen

J. Was muss man probieren, wenn man nach München kommt?

K. Was sind ein paar typisch bayrische Wörter?

L. Wann „weint" ein Radi?

Valentin kauft in einer Konditorei Lebkuchen[1], die der Verkäufer in eine Schachtel packt: „Ham's ma die Gebrauchsanweisung[2] mit eingepackt?"

Wer nach München kommt, muss auch eine bayrische Brotzeit probieren: Vielleicht solche „Schmankerl" wie Weißwurst mit Senf und einer Brez'n? Oder Leberkäs mit Senf? Schweinswürstl mit Kraut? Das schmeckt zu jeder Tageszeit!

Ach ja, hier dürfen wir nicht vergessen, euch ein paar typische bayrische Wörter zu geben, die jeder Besucher kennen muss, bevor er nach München kommt.

auf Bayrisch	auf Hochdeutsch
Erdäpfel	Kartoffeln
Knödl	Klöße
Brez'n/a Brez'n	Brezel/eine Brezel
Radi	Rettich
Radieserl	Radieschen
Kren	Meerrettich[3]

Jetzt geht's weiter zum Radi-Essen. „Wer an Radi guat schneid'n koa, der koa a guat tanz'n", heißt ein altes bayrisches Sprichwort. Man muß schon sehr geschickt[4] sein, einen Radi spiralförmig zu schneiden, ohne dass er zerreißt[5]. Und dann muss der Radi erst einmal „weinen", bevor man ihn genießen kann. Und wie weint ein Radi? Man streut nur Salz darüber, und schon weint er.

1 gingerbread cake **2** instructions **3** horseradish **4** skillful **5** without tearing it

Für den großen Hunger geht man am besten in eine typisch bayrische Hax'n-Braterei und bestellt „a Schweinshax'n" mit Reiberknödl und

Speckkrautsalat. Und als Nachtisch gibt es eine Dampfnudel mit Vanillesoße. Und dazu a Haferl Kaffee!

München hat seit 1992 einen neuen Flughafen[1], den Franz Josef Strauß Flughafen. Er liegt 40 Kilometer nordöstlich der Stadt und man erreicht[2] ihn bequem mit der S-Bahn von der Innenstadt in 20 Minuten. Dieser neue Flughafen bringt Millionen von Besuchern nach München, denn München ist auch eine wichtige Messestadt[3]. Auf der Modemesse stellen bekannte Designer ihre neusten Modelle vor.

Franz Josef Strauß Flughafen

Im September kommen Besucher aus aller Welt—und besonders viele Besucher aus den Vereinigten Staaten—um das weltberühmte Oktoberfest zu erleben[4].

1 airport **2** one reaches it **3** host city for fairs **4** to experience

Beim Lesen

M. Was isst man, wenn man großen Hunger hat?

N. Wie heißt der neue Flughafen? Wo liegt er?

O. Was für eine Stadt ist München auch?

P. Was ist im September los?

Beim Lesen

Q. Wer hat 1810 geheiratet?

R. Für wen ist die Oktoberfestwiese benannt?

Das erste Oktoberfest war im Jahre 1810. Der bayrische Kronprinz Ludwig, der spätere König Ludwig I, heiratete[1] die Prinzessin Therese von Sachsen-Hildburghausen.

Sein Vater, der bayrische König Max I. Josef (1756-1825), ordnete ein „großes Volksfest" für den 13. und 14. Oktober an. Alle Bewohner konnten beim Feiern kostenlos essen und trinken.

Ein Pferderennen[2] auf einer großen Wiese war die nächste Attraktion. 40 000 begeisterte Zuschauer waren da. Das Fest war so beliebt, dass die Wiese[3] zu Ehren der Braut[4] von nun an Theresienwiese hieß.

Pferderennen auf dem Oktoberfest 1845

1 married **2** horse race **3** large meadow **4** in honor of the bride

Die „Wies'n" ist heute synonym mit dem Münchner Oktoberfest. Über 6 Millionen Besucher kommen jedes Jahr. Sie essen in den zwei Festwochen 600 000 Hähnchen, 90 Ochsen, unzählige Fische (sogenannte Steckerlfische), 230 000 Schweinswürstl und trinken 6 Millionen Maß Bier; vor allem in den Festzelten der Münchner Traditionsbrauereien[1]!

Die größte Festhalle ist die Hofbräu Festhalle. Sie hat 10 500 Plätze! Und in jeder Halle spielen Festkapellen traditionsreiche Lieder und auch Rock 'n' Roll. Besonders am Abend herrscht eine klasse Stimmung[2]. Die Leute schunkeln[3] und singen, und jedes Jahr kommt ein neuer Wies'nhit auf die Liste der beliebtesten Oktoberfestlieder.

AUF WIEDERSEHEN!

S. Was essen die Besucher auf der Wies'n?

T. Was ist in den Festhallen los?

1 traditional breweries **2** atmosphere **3** lock their arms

Nach dem Lesen

Übungen

Welches Wort passt in die Lücke?

Attraktionen · die gute Stube · Festhalle · Flughafen · Frauenkirche · Gemütlichkeit · Herz · Industrien · Karl Valentin · Ludwig · Menschen · Millionendorf · Modemesse · Oktober · Oktoberfest · Prinzessin · Rathaus · schunkeln · Schweinswürstl · Steckerlfische · Viktualienmarkt · weinen · Weißwurst

1. Manche Leute sagen, München ist das _____ Deutschlands.
2. Aber München hat auch viele saubere _____.
3. Man nennt München auch die Stadt mit _____.
4. München strahlt _____ aus.
5. Die Hauptstadt Bayerns hat viele künstlerische _____.
6. Den Marienplatz nennt man _____ Münchens.
7. Da sieht man das _____, die Mariensäule und die _____.
8. Auf dem _____ gibt es alles, was das Herz begehrt.
9. Ein bekannter Komiker Münchens war _____.
10. Eine Bayrische Brotzeit ist _____ mit Senf oder _____ mit Kraut.
11. Bevor man einen Radi genießen kann, muss er _____.
12. 40 Kilometer nördlich von München ist der neue _____.
13. Auf der _____ stellen bekannte Designer ihre neusten Modelle vor.
14. Die bekannteste Attraktion Münchens ist das _____.
15. Kronprinz _____ heiratete die _____ Therese.
16. Das erste große Volksfest fand am 13. und 14. _____ statt.
17. Heute kommen über 6 Millionen _____ zum Oktoberfest.
18. In den zwei Wochen essen sie Hähnchen, Würstl und sogenannte _____.
19. In der Hofbräu _____ gibt es 10 500 Plätze!
20. Die Kapellen spielen Musik und die Leute singen und _____.

Was passt zusammen?

1. München
2. klassisch-griechische Gebäude
3. Marienplatz
4. Viktualienmarkt
5. Karl Valentin
6. Brotzeit
7. Kartoffeln
8. Klöße
9. Tasse
10. Oktoberfest

a. Erdäpfel
b. Gute Stube
c. Haferl
d. Isar-Athen
e. Knödl
f. der Komiker
g. Obst, Gemüse, Käse, Fisch, etc.
h. Schmankerl
i. Stadt mit Herz
j. Theresienwiese

Die richtige Antwort, bitte!

Sag oder schreib die richtige Antwort zu den folgenden Aussagen *(statements)*.

1. Wie alt ist die Stadt München, und wie groß ist sie?
2. Welche Industrien gibt es in München?
3. Welche künstlerischen Attraktionen gibt es in München?
4. Was ist die „gute Stube" Münchens?
5. Was kann man alles auf dem Viktualienmarkt kaufen?
6. Was hast du alles über Karl Valentin gelesen?
7. Welche Schmankerl kann man in München essen?
8. Welche bayrischen Wörter kennst du jetzt, und wie heißen sie auf Hochdeutsch?
9. Was ist ein Radi, und wie isst man ihn?
10. Was kann man essen, wenn man großen Hunger hat?
11. Wie heißt der neue Flughafen, und wo liegt er?
12. Was weißt du über die Geschichte des Oktoberfestes?

Und du?

1. Was möchtest du gern sehen, wenn du nach München kommst?
2. Welche Münchner Schmankerl möchtest du mal essen? (Auf der nächsten Seite findest du ein Rezept. Probier es mal!)
3. Was möchtest du gern auf dem Oktoberfest essen?

Dies und das

1 Brotzeit und Schmankerln

Für den Bayern ist ein „Schmankerl" was man vor oder nach dem Essen isst, etwas, was nicht unbedingt satt macht, etwas für den kleinen Hunger. Hier ist ein Schmankerl-Plan für den typischen Bayern (den es heute fast schon nicht mehr gibt):

Um 10 Uhr	einen ofenfrischen Leberkäs
Um 11 Uhr	Weißwurst mit süßem Senf
[Um 12 Uhr	Mittagessen: Schweinsbraten oder eine Haxe]
Um 15 Uhr	Radi und Brezen
Um 16 Uhr	ein Stück Wurst oder Käse und Brot

2 Über den Leberkäs

Der Leberkäs ist das älteste bayrische Schmankerl, bekannt seit dem 16. Jahrhundert. Den Leberkäs kauft man beim Metzger, am besten so gegen 10 Uhr, wenn er frisch und mit einer braunen Kruste aus dem Ofen kommt. Man kauft eine Scheibe[1], so 1 cm dick, und man isst den Leberkäs mit süßem Senf und mit einer Brezen oder Semmel dazu. Man kann auch ein Spiegelei darauf legen oder Kartoffelsalat dazu essen. Nebenbei: Der Leberkäs enthält[2] keine Leber. Der Name stammt von „Laib" (loaf), weil der Leberkäs so geformt ist wie ein Bauernkäse-Laib.

3 Über die Weißwurst

Die Weißwurst stammt aus dem Jahre 1857. Täglich werden 120 000 Stück gegessen, mit süßem oder scharfem Senf, und das alles vor 12 Uhr mittags. Das 12-Uhr-Läuten dürfen die Weißwürste nicht mehr hören, sonst werden sie „lätschert[3]."

4 Ein Münchner Schmankerl — Rezept

O'batzter

Zutaten:

- 1 Camembert
- 1 Pck. Schmelzkäse (Sahne)
- 1 Harzer Käse (mit oder ohne Kümmel)
- etwas weiche Butter
- 1 Zwiebel
- 2 TL edelsüßes Paprikapulver
- 1 TL Kümmel oder Kümmelpulver
- Pfeffer, Salz

Zubereitung:
Die Zwiebel fein hacken. Den Camembert, Schmelzkäse und den Harzer mit einer Gabel zerdrücken. Die Butter nach und nach dazugeben. Die fein gehackte Zwiebel in die Masse einarbeiten. Mit den Gewürzen abschmecken.

1 slice **2** contains **3** soft and watery

Kapitel

10 Vor dem Lesen
Freunde im Internet

Unser Vorwissen gebrauchen Gute Leser gebrauchen beim Lesen alles, was sie über das Thema des Textes schon wissen. Die Überschrift *(title)*, Photos und Zeichnungen *(graphics)* helfen dem Leser auch den Inhalt *(content)* des Textes zu verstehen.

Übung

Schau dir die Kopfleiste *(banner)* an. Dann überfliege *(scan)* den Text und such dir die Lehnwörter heraus—das sind Wörter, die von einer Sprache in eine andere mit der gleichen Bedeutung *(meaning)* übernommen wurden *(were adopted)*. Wovon handelt dieser Bericht?

1. der Computer	**4.** die Cyberwelt	**a.** chatting	**d.** e-mail
2. die E-Mail	**5.** das Netz	**b.** computer	**e.** internet
3. das Internet	**6.** der Chatt	**c.** cyberspace	**f.** net

Landeskunde

In Deutschland sind fast 50% der Leute zwischen 14 und 69 Jahren online; 15% davon sind Jugendliche zwischen 14 und 19 Jahren. Über 60% von allen Benutzern haben Internet-Zugang. *Wo gehen die meisten Leute ins Netz?* —Zu Hause, bei Freunden, am Arbeitsplatz, in Internetcafés, in Schulen, unterwegs mit Laptops. *Wozu gebrauchen die meisten Leute den Computer?*— Sie schicken private E-Mails, benutzen Suchmaschinen, erfragen Information über Bücher und Musik, hören aktuelle Nachrichten, usw.

Freunde im Internet

Beim Lesen

Hast du Freunde, die du durch das Internet kennst? Wem schickst du E-Mails? Bist du auch vorsichtig, wenn du im Netz surfst? Was macht du und was machst du nicht?

A. Was macht Karla mit ihrem Computer?

B. Wer ist Karla?

C. In welcher AG ist Karla in der Schule?

D. Was lernt Karla dort?

E. Wo chattet Karla und wie lange?

F. Was sagt Karla übers Chatten?

G. Wie hat Karla den Thorsten kennen gelernt?

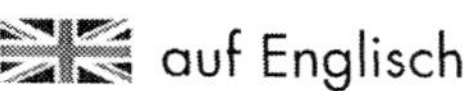

auf Englisch | 

site map

 home 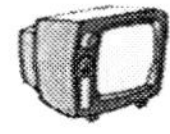 Neues  Schule  Freizeit

Es hat so angefangen:

Karla hat ihren Computer schon zwei Jahre, einen alten Computer, der nicht sehr schnell ist. Aber das macht nichts: sie kann ihren Freunden und Freundinnen E-Mails schicken, sie kann im Internet surfen und sie kann sogar mit anderen Jugendlichen chatten. Sie tut das aber nicht oft, sie ist vorsichtig[1]. Ach ja, Karla ist fünfzehn, und sie geht auf ein Realgymnasium in Hamburg.

Karla sagt: „Ich bin in der Computer-AG[2] in der Schule, und da lerne ich viele Tipps, wie man Computer benützt[3] und vor allem, wie vorsichtig man in der Cyberwelt sein muss. Eine Grundregel lautet: Gib keine persönlichen Daten ins Netz. Solche Daten können von privaten wie auch von kommerziellen Internet-Nutzern missbraucht werden[4]."

Wenn Karla chatten will, geht sie in ein Internetcafé. „Aber das tu ich jetzt meistens nur aus Spaß[5]. Und dort kostet es Geld, und ich muss das Chatten mit meinem eigenen Taschengeld zahlen. Chats dauern nicht lange, und, ehrlich gesagt[6], finde ich die meisten Gespräche im Netz blöd, und nach einer kurzen Zeit nerven mich diese Gespräche. Ich schreibe lieber E-Mails an Freunde."

Ja, aber da ist nun der Thorsten. Karla sagt: „Wir kennen uns jetzt schon fünf Monate, und wir haben uns über unsere Schul-Webseite kennen gelernt. Wir verstehen uns gut, und ich hoffe, dass wir uns einmal persönlich kennen lernen. Aber wie wir uns kennen gelernt haben, das möchte Thorsten selbst erzählen."

1 careful **2** computer club **3** how one uses **4** can be misused **5** for fun **6** to be honest

Beim Lesen

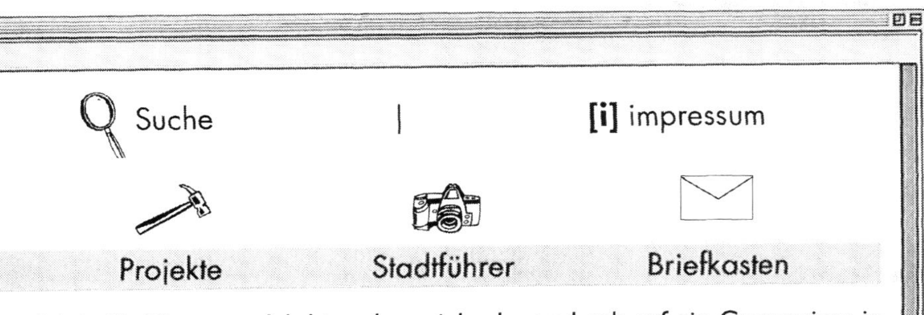

Ich heiße Thorsten. Ich bin schon siebzehn und geh auf ein Gymnasium in München. Ich hab schon ziemlich viel Erfahrung[1] mit meinem Computer. Mein Vater, ein Ingenieur und Professor an der Technischen Hochschule in München, hat schon viele Jahre einen Computer, und seit vier Jahren habe ich meinen eigenen, einen PC mit superschnellem Anschluss[2].

Ja, und ich finde das Internet ist eine gute Möglichkeit[3], andere Leute kennen zu lernen. Es ist besser, als in eine Disko zu gehen, wo die Musik so laut spielt und wo man kaum miteinander sprechen kann. Man muss natürlich vorsichtig sein, wenn man mit Leuten in Chaträumen spricht. Da hatt ich mal eine Chatpartnerin, und mit der war ich von Anfang an auf einer Wellenlänge[4]. Dann fand ich heraus, dass „meine Partnerin" eine älteren Dame war. Dann war 's aus!

Ja, und dann einmal – ich weiß nicht mehr genau, wie es war – hab ich mal einige Schulen im Schul-Web angeklickt und besonders die Schülerzeitungen. Und da lese ich einen interessanten Bericht über die Computer-AG an Karlas Schule. Und am Ende sehe ich die Namen und die Fotos von allen Mitgliedern[5] der Computer-AG. Und da war auch das Foto von Karla. „Die gefällt mir gut", denke ich, „ich schicke ihr sofort eine E-Mail."

Ja, so hat es angefangen. Jetzt korrespondieren wir bestimmt zweimal in der Woche per E-Mail, und wir sind Freunde geworden. Wir diskutieren über Schule und Sport, Filme und Musik, Umwelt[6] und auch ein bisschen Politik. Und das Schöne ist, die Karla liebt Humor, und sie schickt mir immer tolle Neuigkeiten[7] aus Hamburg.

H. Wer ist Thorsten?

I. Warum hat er schon viel Erfahrung mit seinem Computer?

J. Was sagt Thorsten über das Internet?

K. Warum muss man beim Chatten vorsichtig sein?

L. Wie hat Thorsten Karla kennen gelernt?

M. Worüber diskutieren die beiden?

N. Was sagt Thorsten über Karla?

1 experience **2** connection **3** possibility **4** on the same wave length **5** members **6** environment **7** news

Nach dem Lesen
Übungen

Eine neue Computersprache

Seit einigen Jahren gebrauchen wir neue Wörter und Ausdrücke, ja eine neue Sprache, wenn wir unseren Computer benützen. Lies den Artikel noch einmal und schreib alle Computer-Wörter auf. Was bemerkst du dabei?

2

Richtig oder falsch?

Richtig	Falsch	
☐	☐	**1.** Karla hat einen ganz neuen Computer.
☐	☐	**2.** Sie ist in der Computer-AG in ihrer Schule.
☐	☐	**3.** Karla benützt den Computer, um mit Freunden zu chatten.
☐	☐	**4.** Ihre Chats dauern immer sehr lange.
☐	☐	**5.** Karla hat Thorsten in München kennen gelernt.
☐	☐	**6.** Thorsten geht auf ein Gymnasium in Hamburg.
☐	☐	**7.** Er studiert an der Technischen Hochschule.
☐	☐	**8.** Thorsten hat einen superschnellen Computer.
☐	☐	**9.** Er ist vorsichtig, wenn er mit Leuten in Chaträumen spricht.
☐	☐	**10.** Thorsten hat Karlas Foto in einer Tageszeitung gesehen.
☐	☐	**11.** Jetzt korrespondieren die beiden per E-Mail.
☐	☐	**12.** Die beiden möchten nicht gern Freunde werden.

Was passt zusammen?

1. eine E-Mail	**a.** benützen
2. im Netz	**b.** einem schnellen Anschluss
3. einen Computer	**c.** schicken
4. ein Computer mit	**d.** sein
5. mit Leuten in Chaträumen	**e.** surfen
6. auf einer Wellenlänge	**f.** chatten

Über dich

Was für einen Computer hast du und was machst du alles mit deinem Computer? Schreib einen kurzen Bericht!

Vor dem Lesen
Unser Textverständnis üben

Um einen Text zu verstehen, muss man sich mehr auf die Ideen im Text konzentrieren als auf die einzelnen Wörter. Hier ist ein Trick:

1. Lies mindestens ein Drittel des Textes, ohne Wörter nachzuschlagen, die du nicht kennst.
2. Lies denselben Text noch einmal und frag dich, was du schon verstanden hast.
3. Wenn du jetzt weißt, worum es im Text geht, lies den Text zu Ende.
4. Lies dann den ganzen Text noch einmal, halte ab und zu an und versuche, den Text zusammenzufassen, den du gelesen hast.

Übung

Versuche die Szenen mit den folgenden Leuten im Text zusammenzufassen:

a. die Frau von Herrn B.
b. die Tochter Ilse und ihr Mann
c. die Eltern von Herrn B.
d. Karl, ein Freund von Herrn B.

Fernsehmärchen Nr. 2

Herr B. möchte mit seiner Frau sprechen. Aber sie sieht gerade fern[1] und sagt deshalb: „Pssssst!"

Herr B. ist einige Zeit still. Als er wieder zu reden anfangen will und sie wieder „pssssst!" sagt, verlässt er die Wohnung.

Seine Frau bemerkt[2] das gar nicht.

Herr B. setzt sich in den Wagen und fährt zu seiner Tochter Ilse. Ilse ist verheiratet[3]. Sie wohnt am andern Ende der Stadt.

„Wie schön, dich mal wieder zu sehen!" ruft sie und führt ihren Vater ins Wohnzimmer. Ihr Mann sagt auch: „Schön, dich mal wieder zu sehen! Wie geht's?"

Doch als Herr B. zu erzählen anfangen will, wie es ihm geht, ruft Ilse: „Pssssst!" denn sie sieht fern. Nach einer Weile räuspert[4]

1 she is watching TV **2** notices **3** married **4** to clear one's throat

Beim Lesen

Kennst du Leute, die sehr viel fernsehen? Leute, die man beim Fernsehen nicht stören darf? Du hast bestimmt schon mal das Wort „pssst!" gehört, als du etwas sagen wolltest.

A. Warum sagt die Frau von Herrn B. „Pssst!"?

B. Warum verlässt Herr B. die Wohnung?

C. Wohin fährt Herr B.?

D. Was sagt seine Tochter und ihr Mann?

E. Warum ruft Ilse „Psst?"

Beim Lesen

F. Was tut Herr B.?

G. Wo wohnen die Eltern von Herrn B.?

H. Was ist die Überraschung für Herrn B.?

I. Was bemerkt Herr B.?

J. Wohin fährt Herr B. dann?

K. Wen ruft er an und warum?

L. Was macht Herr B. am Wochenende?

M. Warum sagt hier niemand „psst?"

N. Was sagt Herr B. nach ein paar Stunden?

sich Herr B. Aber da deutet[1] ihm sowohl Ilse als auch[2] ihr Mann: „Pst!"

Herr B. geht wieder, ohne dass dies jemandem auffällt[3].

Herr B. setzt sich in den Wagen und fährt ins Gebirge. Seine Eltern leben in einem entlegenen[4] Dorf. Er freut sich darauf[5], nach so langer Zeit mit ihnen sprechen zu können.

„So eine Überraschung[6]!" rufen die Eltern wie aus einem Munde. „Aber wir haben auch eine Überraschung für dich!" Und stolz zeigen sie auf einen Fernsehapparat[7]. „Das hättest du nicht erwartet[8], was? Ja, ja, der Fortschritt[9]!"

Und nun sitzen sie zu dritt vor dem Fernseher.

Herr B. erzählt und erzählt. Und auf einmal bemerkt er, dass die beiden ihn gar nicht hören. Fasziniert starren sie auf die bewegten Bilder.

Herr B. setzt sich in den Wagen und fährt nach Hause. Seine Frau sieht noch immer (oder schon wieder) fern. Er ruft Karl an, seinen besten Freund. Karl wohnt mehr als zweitausend Kilometer entfernt in einem andern Land. Ob er[10] am Wochenende Zeit für ihn hat?

„Klar, komm nur! Prima!" sagt Karl.

Am Wochenende setzt sich Herr B. in den Wagen, fährt zum Flughafen und fliegt in das andere Land.

Karl und seine Familie freuen sich über den Besuch. Sie sitzen gemütlich beisammen. Der Fernseher läuft[11]. Niemand sagt „pssssst".—Weil Herr B. so höflich ist und nicht redet.

Nach ein paar Stunden lügt Herr B. „Tut mir Leid[12], jetzt muss ich wieder zurückfliegen."

„Schade", sagt Karl. „Gerade jetzt, wo das Programm am spannendsten wird!"

Herr B. hat bis heute noch keine Gelegenheit[13] gehabt, mit jemandem zu sprechen.

ERNST A. EKKER

1 signals **2** not only . . . but also **3** without anybody noticing it **4** remote **5** he is looking forward to it **6** surprise **7** TV set **8** you hadn't expected that **9** progress **10** does he have **11** is going **12** I'm sorry **13** opportunity

Nach dem Lesen
Übungen

Zuerst, dann, danach . . .

Mit wem kann Herr B. nicht sprechen, weil der Fernseher läuft?

1. _____ 3. _____
2. _____ 4. _____

a. mit seinem Freund
b. mit seinen Eltern
c. mit seiner Frau
d. mit seiner Tochter

Die richtige Reihenfolge

Welcher Satz kommt zuerst? Dann? Danach?

A. __ Alle drei sitzen vor dem Fernseher. Und da bemerkt Herr B., dass die Eltern ihn gar nicht hören.

B. __ Bei seinem Freund sagt niemand „psst!", weil Herr B. so höflich ist und nicht redet.

C. __ Dann fährt Herr B. ins Gebirge zu seinen Eltern.

D. __ Die Eltern haben eine große Überraschung für ihn, einen neuen Fernseher.

E. __ Die Frau von Herrn B. sieht fern, und sie will nicht mit ihrem Mann sprechen.

F. __ Er verlässt die Wohnung, und sie bemerkt das nicht.

G. __ Herr B. fährt nach Hause. Seine Frau sieht noch immer fern. Da ruft er seinen Freund an.

H. __ Herr B. fliegt zu seinem Freund. Er wohnt in einem anderen Land.

I. __ Herr B. hat bis heute noch keine Gelegenheit gehabt, mit jemandem zu sprechen.

J. __ Herr B. sagt nach ein paar Stunden: „Tut mir Leid, ich muss nach Hause."

K. __ Herr B. setzt sich in den Wagen und fährt zu seiner Tochter.

L. __ Ilse und ihr Mann sehen auch fern und sagen „pssst!", als er mit ihnen sprechen will.

M. __ Sein Freund sagt: „ Schade! Gerade jetzt, wo das Programm so schön wird."

1. ____ **2.** ____ **3.** ____ **4.** ____ **5.** ____ **6.** ____ **7.** ____ **8.** ____

9. ____ **10.** ____ **11.** ____ **12.** ____ **13.** ____

Mit deiner Gruppe

a. Bildet kleine Gruppen und spielt das Fernsehmärchen der Klasse vor.

b. Schreibt eine ähnliche Geschichte wie „Fernsehmärchen Nr. 2."

Dies und das

1 Ein Zitat übers Fernsehen

Welches Zitat oder Sprichwort gefällt dir am besten?

Fernsehen ist das einzige Schlafmittel,
das mit den Augen eingenommen wird.
(Vittorio de Sica)

Sprichwörter: Übers Lernen

Lerne was, wirst du was,
kannst du was, bist du was.
Kannst du was, bist du was,
wirst du was, hast du was.

Man **lernt** nie aus.

Nicht für die Schule, sondern für das Leben **lernen** wir.
(nach Seneca, Epistulae)

2 Anekdoten zum Lachen

Welche Anekdote gefällt dir am besten? Erzähl sie deinen Klassenkameraden.

Am Zeitungsstand: „Eine Zeitung, bitte. Was kostet die?"
— „Ein Euro 50, bitte!"
— „Auf der Zeitung steht aber ein Euro 20!"
— „Aber glauben Sie denn alles, was in der Zeitung steht?"

In der Buchhandlung: „Ich brauche ein Lexikon."
— „Dieses kann ich Ihnen empfehlen[1]. Es nimmt Ihnen die Hälfte der Arbeit ab[2]."
— „Gut, dann geben Sie mir bitte zwei!"

Vor dem Theater: „Es war ein Fehler, den neuen Anzug anzuziehen."
— „Aber er steht dir doch sehr gut. Klasse!"
— „Ja! Aber die Karten sind im alten!"

Am Straßenrand: Da sitzt ein kleiner Junge und weint.
— „Warum weinst du denn?"
— „Ich weiß nicht mehr, welcher Euro für die Milch und welcher für die Semmeln sein soll."

1 recommend **2** relieves

Kapitel

11 Vor dem Lesen
Das Telefongespräch

Lesen, sich selbst benoten, nochmal lesen Lies dir jeden Text einmal durch. Wie gut verstehst du den Text jetzt? Benote *(rate)* dein Verständnis des Textes und schreib Fragen auf, die du zum Verständnis des Textes hast. Wenn du den Text dreimal gelesen hast, hast du bestimmt weniger Fragen als beim ersten Mal. Setz dich dann mit einem Klassenkameraden zusammen und diskutiert über alle unbeantworteten Fragen. Lies danach den Text ein viertes Mal und benote dein Verständnis des Textes noch einmal.

Übung

Es kommt auf dein Hintergrundwissen *(background knowledge)* an, welche Textteile du verstehst oder nicht verstehst. Im folgenden Texte hast du vielleicht Fragen zu folgenden Wörtern

1. Toboggan-Schlitten **2.** Wichtelmänner **3.** Schokoladenherzen **4.** Generaldirektor

Diskutier mit einem Klassenkameraden über die Bedeutung dieser Wörter, bevor du im Lexikon nachschlägst.

Landeskunde

Weihnachten—obwohl heutzutage schon sehr kommerzialisiert—ist noch immer ein Fest, auf das sich die ganze Familie freut. In den meisten Großstädten gibt es Weihnachtsmärkte, wo man hingeht, um zu sehen, zu erleben, um zu essen und trinken und um Geschenke zu kaufen. Auf einem typischen Christkindlesmarkt wie in Nürnberg gibt es viele buntgeschmückte Buden, Essensstände, wo man Bratwurst essen kann oder geröstete Mandeln und Kastanien. Da gibt es Verkaufsbuden, wo es Christbaumschmuck gibt, Textil- und Lederwaren, Keramik, Glas und Porzellan und sonstige Weihnachtsgeschenke. Weihnachtsfiguren, wie zum Beispiel den Nussknacker, gibt es schon seit 1650! Bei einem Besuch auf so einem Markt fängt man an, sich auf Weihnachten zu freuen.

Das Telefongespräch

Beim Lesen

Wie kauft ihr bei euch zu Hause Geschenke? Denk beim Lesen dieser Geschichte voraus. Wie geht die Geschichte weiter? Wie kann sie wohl enden?

A. Wer ist am Telefon?

B. Woher kommt das Gespräch?

C. Was sagt Frau Brummer über Tante Emma?

Die Brummers sitzen am Tisch und essen. Da läutet das Telefon. Lieselotte geht ran.

„Hier Lieselotte Brummer", sagt sie.

„Hier ist, äh . . . hier spricht der Weihnachtsmann. Ich möchte bitte mit Herrn Brummer sprechen."

„Mutti, Mutti", ruft Lieselotte. „Ein Ferngespräch![1]"

„Woher kommt das Ferngespräch, Lieselotte?" fragt Frau Brummer.

„Vom Nordpol", antwortet Lieselotte.

„Das ist sicher Tante Emma. Die reist doch überall herum[2]. Und sie liebt den Winter", meint Frau Brummer.

„Nein, nein, Mutti! Es ist der Weihnachtsmann, und er möchte mit Vati sprechen."

D. Was fragt der Weihnachtsmann?

E. Was will Herr Brummer?

F. Was hat der Weihnachtsmann für ihn?

G. Wo gibt es nur automatische Piloten?

H. Wer ist der Fahrer?

Herr Brummer geht ans Telefon. „Hier Brummer", sagt er.

„Sie möchten einen Schlitten[3] zu Weihnachten, Herr Brummer, nicht wahr?" fragt der Weihnachtsmann.

„Ja", sagt Herr Brummer, „einen Toboggan-Schlitten mit roten Sitzen[4] für vier Personen."

„Ich habe ein Schneemobil für Sie und ihre Familie, 10 PS, Vollgarantie und mit Fahrer[5]", sagt der Weihnachtsmann.

„Großartig!—Aber was ist ein Fahrer? Ist das ein automatischer Pilot oder ein Wichtelmann[6]?"

„Nein, nein, Herr Brummer", sagt der Weihnachtsmann. „Automatische Piloten gibt es[7] nur in Flugzeugen, und die Wichtelmänner brauche ich jetzt alle. Hier ist Hochsaison! Der Fahrer ist Emma Kunze. Sie kommt mit dem Schneemobil,Weihnachtskatalognummer 0056-A1!"

1 long-distance call **2** travels all over **3** sled **4** seats **5** driver **6** elf **7** there are

„Herr Weihnachtsmann", sagt Herr Brummer, „ich muss das erst mit meiner Familie besprechen. Ich rufe Sie zurück."

* * *

„Ottilie, Lieselotte, Ulrich! Kommt mal schnell her! Wir bekommen ein Schneemobil!" ruft Herr Brummer.

„Toll! Prima!" rufen alle.

„Und wir bekommen auch einen Fahrer!"

„Ein Wichtelmännchen?" fragt Ulrich.

„Nein, kein Wichtelmännchen! Unsere Tante Emma!"

„Unsere Tante Emma?" fragen alle gemeinsam.

„Warum nicht?" fragt Herr Brummer. „Tante Emma fährt sehr gut. Sie hat doch ihr eigenes Motorrad, und sie hatte noch nie einen Unfall[1]!"

* * *

Herr Brummer wählt die Vorwahlnummer[2] vom Nordpol (000), dann die Nummer (17 11 45).

„Hier Wichtelmännchen Hubertus", sagt eine Stimme.

„Hier Otto Brummer. Kann ich bitte den Weihnachtsmann sprechen?"

„Moment, bitte!"

„Hier spricht der Weihnachtsmann."

„Herr Weihnachtsmann, meine Frau, meine Kinder und ich . . . äh, wir nehmen das kleinste Schneemobil, aber ohne Fahrer!"

„Das geht nicht, Herr Brummer. Frau Kunze kann hier nicht bleiben[3]. Sie will auch nach Hause. Sprechen Sie mit ihr."

„Hallo, Emma", sagt Herr Brummer.

„Otto, ich komme mit einem Schneemobil nach Hause!"

„Bleib, wo du bist", sagt Herr Brummer.

1 accident **2** area code **3** stay

Beim Lesen

I. Was für einen Fahrer möchte Ulrich?

J. Wie gut fährt Tante Emma?

K. Was ist die Telefonnummer vom Nordpol?

L. Welches Schneemobil will Herr Brummer jetzt?

M. Was sagt Tante Emma?

Beim Lesen

N. Warum will Tante Emma nicht bleiben?

„Nein, Otto!" ruft Tante Emma ins Telefon, „hier kann ich nicht bleiben. Ich esse hier zu viel Lebkuchen[1] und Schokoladenherzen. Das ist nicht gut für meine Figur!

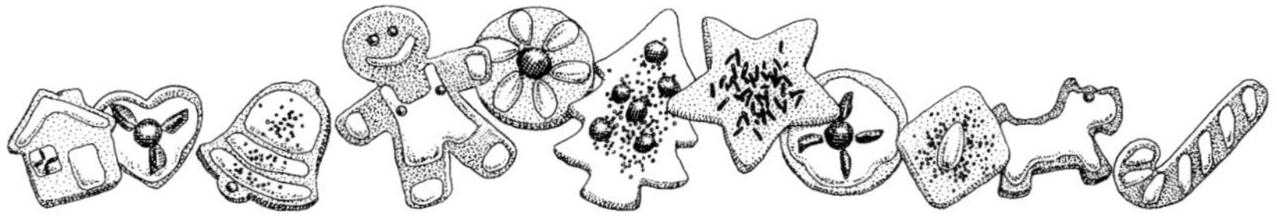

O. Was machen die Wichtelmänner?

Und die Wichtelmännchen machen mich verrückt[2]! Sie sägen, hämmern und singen den ganzen Tag. Ich muss nach Hause!"

„Wir singen auch, Emma", sagt Herr Brummer, „und Lieselotte hämmert und Ottilie sägt."

„Ach, du meine Güte!" ruft Frau Emma Kunze. „Da bleibe ich lieber hier."

* * *

P. Was für ein Angebot machen die Wichtelmänner?

Bei Brummers läutet das Telefon wieder.

„Hier Brummer!" sagt Otto Brummer.

„Hier Wichtelmann Hubertus!" sagt eine Stimme. „Herr Brummer, die Wichtelmännchen machen Ihnen ein Angebot[3]. Wir geben Ihnen ein Schneemobil für vier Personen, Luxusmodell, 30 PS, rot und silber, Vollgarantie, mit Fahrerin Emma und einem Wichtelmann-Gutschein[4] für 200 Euro."

„Na ja", meint Herr Brummer, „aber meine Familie . . . "

„Fröhliche Weihnachten, Herr Brummer, und alles Gute im neuen Jahr!" ruft das Wichtelmännchen Hubertus ins Telefon und legt auf.

1 gingerbread **2** drive me crazy **3** offer **4** gift certificate

Nach dem Lesen

Übungen

Welches Wort passt in die Lücke?

Angebot auf Euro Fahrer Ferngespräch Figur
Jahr legt Luxusmodell Motorrad Nordpol
Schlitten Schneemobil Sitzen Unfall verrückt
Vollgarantie Weihnachten Weihnachtsmann

1. Das Telefon läutet bei den Brummers. Es ist der _____.
2. „Woher kommt das _____?" fragt Frau Brummer.
3. „Es kommt vom _____", antwortet Lieselotte.
4. „Herr Brummer", sagt der Weihnachtsmann, „Sie möchten einen _____."
5. „Ja, einen Toboggan-Schlitten mit vier _____", sagt Herr Brummer.
6. Der Weihnachtsmann hat ein Schneemobil, aber mit _____ und _____.
7. Der Fahrer ist Emma Kunze. Sie kommt mit dem _____.
8. Tante Emma fährt gut. Sie hat ihr eigenes _____, und sie hatte noch nie einen _____.
9. Tante Emma will nicht am Nordpol bleiben: sie isst zu viel, und das ist schlecht für ihre _____.
10. Und die Wichtelmänner machen sie _____.
11. Die Wichtelmänner machen ein neues _____ : ein Schneemobil, ein _____, 30 PS, mit Vollgarantie, Fahrerin Emma und einem Gutschein für 200 _____.
12. Der Wichtelmann Hubertus sagt: „Fröhliche _____, Herr Brummer, und alles Gute im neuen _____." Und er _____ den Hörer _____.

Rollenspiel

Mit dem Lesetext in der Hand übernehmt die Rollen aller Sprecher und lest den Text den anderen Mitschülern in der Klasse vor.

Schreibaufgabe

Setzt euch in Arbeitsgruppen zusammen und schreibt einen ähnlichen Text. Lest dann eure Version der Klasse vor.

Beim Lesen

Denk daran, dass dieser junge Mann seinen ersten Job hat—und da kann manchmal etwas schief gehen.

A. Was weißt du über den Rechtsanwalt?

B. Wie sieht das Büro aus?

C. Auf wen wartet der Rechtsanwalt?

D. Warum muss dieser Mann warten?

E. Wie sieht der junge Mann aus?

F. Warum muss der Mann Platz nehmen?

G. Was macht der Rechtsanwalt?

H. Mit wem telefoniert der Rechtsanwalt?

I. Warum hat der Rechtsanwalt so wenig Zeit?

J. Was ist der Mann? Was möchte er tun?

Der junge Rechtsanwalt[1]

Ein junger Rechtsanwalt, frisch von der Universität, hat einen tollen Job gelandet und kommt zum ersten Mal in sein neues Büro. Es ist groß und sehr schön, alles ist neu, alles sieht wunderbar aus. Er hat jetzt einen großen Schreibtisch[2] und ein modernes Telefon darauf.

Der Rechtsanwalt wartet auf seinen ersten Klienten. Da kommt die Sekretärin ins Büro: „Dr. Weber, da ist ein Herr. Er möchte. . ."

„Ich bin im Moment sehr busy, Frau Kunz. Sagen Sie dem Herrn . . . äh, ich kann ihn in zehn Minuten sehen."

Nach zehn Minuten kommt die Sekretärin wieder: „Sind Sie jetzt frei, Dr. Weber?"

„Ja, bringen Sie den Herrn ins Büro. Ich habe jetzt Zeit."

Ein junger Mann kommt herein, klein, dunkle Haare. Er trägt eine Brille. Er sieht aus wie ein Arbeiter.

„Dr. Weber, ich bin da, um . . . "

„Einen Moment, bitte! Nehmen Sie Platz. Ich muss nur noch ein Telefonat machen. Dann habe ich Zeit für Sie."

Der Rechtsanwalt nimmt den Hörer ab und wählt eine Nummer. „Hier Dr. Weber. Ich möchte mit Generaldirektor Schweizer sprechen. —Ja, ich warte. —Guten Morgen, Herr Generaldirektor! Ich möchte nur sagen . . . es ist alles okay, ja, aber nicht unter fünftausend Euro. Gut. Alles okay? Ich rufe morgen noch einmal an. Auf Wiederhören, Herr Generaldirektor!"

Der junge Rechtsanwalt legt den Hörer wieder auf. „Ich bin heute so furchtbar busy. Ich komme von Telefon nicht weg. —So, was kann ich für Sie tun?"

Der Mann sieht den Rechtsanwalt verlegen an. „Ich möchte . . . ich bin der Techniker von der Telekom* und möchte jetzt Ihr Telefon anschließen[3]."

***Deutsche Telekom** is Europe's largest telecommunications company and one of the worldwide engines in innovation in the industry.

1 lawyer **2** desk **3** connect

Nach dem Lesen
Übungen

Was passt zusammen?

1. Ein junger Rechtsanwalt kommt
2. Er hat jetzt einen neuen Schreibtisch
3. Der junge Rechtsanwalt wartet
4. Seine Sekretärin kommt und sagt:
5. „Sagen Sie dem Herrn,
6. Der junge Mann
7. Er hat dunkle Haare und
8. Er sieht aus
9. „Nehmen Sie Platz, ich muss
10. Der Rechtsanwalt nimmt den Hörer ab
11. Er spricht mit einem
12. „Es ist alles okay, aber nicht
13. Der Rechtsanwalt legt
14. „So, was kann ich
15. „Ich bin der Techniker
16. „Ich möchte jetzt ihr Telefon

a. anschließen."
b. „Ein Herr möchte Sie sprechen."
c. für Sie tun?"
d. Generaldirektor.
e. ich kann ihn in 10 Minuten sehen."
f. kommt ins Büro.
g. zum ersten Mal in sein Büro.
h. den Hörer wieder auf.
i. noch ein Telefonat machen.
j. trägt eine Brille.
k. und ein modernes Telefon darauf.
l. und wählt eine Nummer.
m. unter fünftausend Euro."
n. von der Telekom."
o. auf seinen ersten Klienten.
p. wie ein Arbeiter.

Rollenspiel

Drei Schüler übernehmen die Rollen vom Rechtsanwalt, dem Techniker von der Telekom und von der Sekretärin. Spielt die Kurzgeschichte euren Klassenkameraden vor.

Dies und das

1 Zwei Witze

Lies die beiden Witze und erzähl sie einem Freund.

Rudi ist keine Leseratte[1]

Rudi: „Mei, Bobby, du hast jetzt einen Telefonanschluss?"
Bobby*: „Schon ein halbes Jahr. Liest du denn nie das Telefonbuch?"

Tünnes* und das gute Buch

„Eben fällt mir ein[2], der Martin hat morgen Geburtstag. Da müssen wir ihm doch was schenken. Hast du eine Idee?"
„Schenk ihm doch ein Buch."
„Ein Buch? Ein Buch hat er schon."

2 Sprichwörter: Über Geschenke

Wie heißen diese Sprichwörter im Englischen?

Kleine **Geschenke** erhalten die Freundschaft.
Geschenkt ist **geschenkt.**
Einem **geschenkten** Gaul[3] schaut man nicht ins Maul[4].

3 Drei Gedichte

Lies diese Gedichte.

Die vier Jahreszeiten

Es war eine Mutter,
die hatte vier Kinder,
den Frühling, den Sommer,
den Herbst und den Winter.
Der Frühling bringt Blumen,
der Sommer bringt Klee[5],
der Herbst bringt Trauben,
der Winter bringt Schnee.
(Volksgut)

Über das Wetter

Drei Rosen im Garten,
drei Tannen[6] im Wald,
im Sommer ist's lustig,
im Winter ist's kalt.

Wenn's Sauerkraut regnet
und Bratwürste schneit,
dann bitt ich den lieben Herrgott,
dass das Wetter so bleibt. *(Volksgut)*

1 bookworm **2** it just occurs to me **3** horse **4** mouth **5** clover **6** fir trees

*Both **Tünnes** and (Graf) **Bobby** are well-known characters used as tellers of jokes.

Kapitel 12

Vor dem Lesen
Die Bremer Stadtmusikanten

Verschiedene Strategien kombinieren Beim Lesen muss man alle möglichen Strategien anwenden, um den Text zu verstehen. Hier sind einige Tipps, die du gelernt hast, um einen Text besser zu verstehen. Was passt zusammen?

1. Überschrift	**a.** cognates
2. Fotos/Zeichnungen	**b.** context
3. verwandte Wörter	**c.** divide the text
4. Kontext	**d.** predict what's coming
5. dein Vorwissen	**e.** photos/art
6. den Text gliedern	**f.** prior knowledge
7. voraussagen, was kommt	**g.** title/headline

Übung

Beantworte die folgenden Fragen. Schreib die Antworten auf ein Blatt Papier.

1. Was bedeutet die Überschrift?
2. Hast du diesen Text im Englischen gelesen?
3. Was sagen die Zeichnungen über den Text aus?
4. Welche verwandten Wörter kannst du erkennen?
5. Wie viele Teile hat der Text?
6. Kannst du beim Lesen voraussagen, was passiert?

Landeskunde

In diesem Märchen der Gebrüder Grimm suchen „Die Stadtmusikanten" Freiheit und eine neue Heimat in Bremen. Im Jahre 1953 hat die Stadt Bremen den Bremer Stadtmusikanten ein Denkmal gesetzt, das an der Westseite des Rathauses steht. Diese Skulptur hat der Bildhauer Gerhard Marks geschaffen. Sie zeigt die vier Musikanten in klassischer Pose: Esel, Hund, Katze und Hahn aufeinander.

Beim Lesen

Kennst du dieses Märchen? Du triffst den Esel, den Hund und die anderen Tiere. Denk beim Lesen voraus. Wie geht die Geschichte wohl weiter und wie muss sie enden?

A. Warum läuft der Esel weg?

B. Warum weint der Hund?

C. Was sagt der Esel zum Hund?

D. Wen treffen die beiden?

E. Warum kann die Katze nicht lustig sein?

F. Was sagt der Esel zur Katze?

G. Wen treffen die drei Tiere jetzt?

Die Bremer Stadtmusikanten

Ein Mann hatte einen Esel. Der Esel war jetzt alt und müde. Der Mann will den Esel weggeben. Der Esel merkt[1] das und läuft weg.

Der Esel wandert müde den Weg entlang. Da sieht er einen Hund. Der weint und weint. „Warum weinst du denn so furchtbar, Packan?" fragt der Esel.

„Ach, Graupferd", sagt der Hund, „ich bin alt und müde und kann nicht mehr arbeiten. Mein Herr will mich verkaufen[2], als Hundefutter! Was soll ich nun machen?"

„Weißt du was", spricht der Esel, „ich gehe nach Bremen. Ich möchte dort Stadtmusikant[3] werden. Komm mit mir und mach mit mir Musik. Ich spiele die Laute[4], und du schlägst die Pauke[5]." Der Hund ist einverstanden[6], und sie gehen zusammen weiter.

Es dauert nicht lange[7], da sehen sie eine Katze am Wege sitzen. Die macht ein Gesicht[8] wie drei Tage Regenwetter. „Was ist denn mit dir, alter Bartputzer?" fragt der Esel.

„Ich kann nicht lustig sein", antwortet die Katze. „Ich bin nun alt, meine Zähne[9] sind stumpf und ich sitze lieber hinter dem Ofen und spinne, als nach Mäusen zu jagen[10]. Mein Frauchen will mich ersäufen[11], und ich bin weggelaufen. Wo soll ich jetzt hin?"

„Geh mit uns nach Bremen! Du verstehst dich doch auf die Nachtmusik, da kannst du Stadtmusikant werden."

Die Katze hält das für gut und geht mit. Als die drei so müde miteinander den Weg entlanggehen, kommen sie an einem Hof vorbei. Da sitzt der Haushahn auf dem Tor und schreit aus Leibeskräften[12].

1 notices **2** sell **3** musician **4** lute **5** drum **6** agrees **7** it doesn't take long **8** face **9** teeth **10** to hunt **11** to drown **12** with all his might

„Warum schreist du denn so laut", spricht der Esel, „was hast du vor[1]?"

„Die Köchin soll mich heute Abend schlachten, hat die Hausfrau gesagt. Morgen, am Sonntag, haben sie Gäste, da wollen sie mich in der Suppe essen. Nun schrei ich aus vollem Hals[2], solang ich noch kann."

„Ei was", sagt der Esel, „geh lieber mit uns fort, wir gehen nach Bremen. Du hast eine gute Stimme[3], und wenn wir zusammen musizieren, wird es gar herrlich klingen."

Dem Hahn gefällt der Vorschlag[4], und sie gehen alle vier zusammen fort. Sie können aber die Stadt Bremen an einem Tag nicht erreichen und kommen abends in einen Wald, wo sie übernachten wollen. Der Esel und der Hund legen sich unter einen großen Baum, die Katze klettert auf einen Ast[5], und der Hahn fliegt bis in den Wipfel[6], wo es am sichersten für ihn ist.

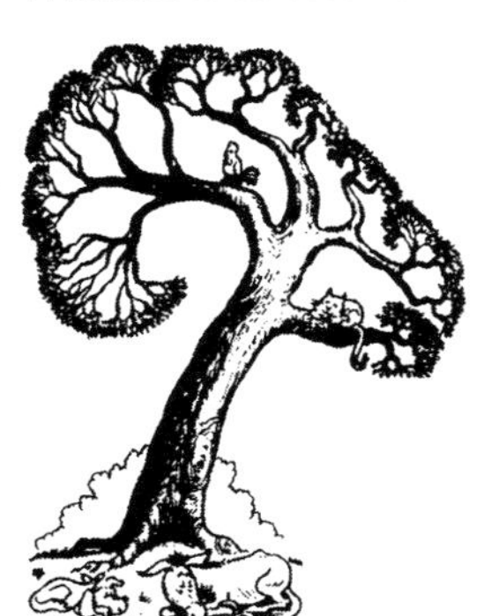

Bevor der Hahn einschläft, sieht er sich noch einmal nach allen vier Windrichtungen[7] um. Da bemerkt er einen Lichtschein[8]. Er sagt seinen Gefährten[9], dass in der Nähe ein Haus ist, denn er sieht ein Licht.

Der Esel antwortet: „So wollen wir uns aufmachen und noch hingehen, denn hier ist die Herberge[10] schlecht." Der Hund meint, er hat Appetit auf ein paar Knochen[11] und etwas Fleisch.

Die vier machen sie sich auf den Weg nach der Gegend[12], wo das Licht ist. Bald sehen sie es heller schimmern, und es wird immer größer, bis sie vor ein hell erleuchtetes Räuberhaus[13] kommen. Der Esel, als der größte, geht ans Fenster und schaut hinein.

1 what are you planning to do **2** as loud as I can **3** voice **4** proposal **5** climbs a branch **6** crown (of a tree) **7** directions **8** light **9** companions **10** lodgings **11** bone **12** area **13** bandits' hideout

Beim Lesen

H. Warum schreit der Hahn so laut?

I. Was sagt der Esel zum Hahn?

J. Warum übernachten die vier Tiere?

K. Wo schlafen sie?

L. Was bemerkt der Hahn, bevor er einschläft?

M. Warum verlassen die Tiere ihr Quartier?

N. Was sehen die Tiere?

Beim Lesen

„Was siehst du, Graupferd?" fragt der Hahn.

O. Was sieht der Esel im Haus?

„Was ich sehe?" antwortet der Esel. „Einen gedeckten Tisch mit schönem Essen und schönen Getränken, und Räuber sitzen um den Tisch und essen und trinken!"

„Das ist doch etwas für uns", spricht der Hahn.

P. Welche Idee haben die Tiere?

Q. Was machen sie dann?

Da überlegen die Tiere, was sie tun können, um die Räuber hinauszujagen[1]. Endlich haben sie eine Idee. Der Esel stellt sich mit den Vorderfüßen[2] auf das Fenster, der Hund springt auf des Esels Rücken[3], die Katze klettert auf den Hund, und zuletzt fliegt der Hahn hinauf und setzt sich auf den Kopf der Katze. Dann fangen sie an, Musik zu machen: der Esel schreit, der Hund bellt, die Katze miaut, und der Hahn kräht. Darauf stürzen sie durch[4] das Fenster in die Stube hinein, dass die Scheiben[5] nur so klirren.

R. Was tun die Räuber?

S. Was machen die Tiere jetzt?

T. Was machen die vier nach dem Essen?

Die Räuber meinen, da ist ein Gespenst[6], und laufen vor Angst in den Wald hinaus.

Nun setzen sie die vier Gesellen an den Tisch, und jeder isst, was ihm am besten schmeckt.

Als sie fertig sind, machen sie das Licht aus, und jeder sucht sich eine Schlafstätte. Der Esel legt sich draußen auf den Mist[7], der Hund hinter die Tür, die Katze auf den Herd bei der warmen Asche und der Hahn fliegt auf das Dach[8] hinauf. Und weil sie müde sind von ihrem langen Weg, schlafen sie bald ein.

1 to chase off **2** front legs **3** back **4** to smash through **5** window panes **6** ghost **7** manure pile **2** roof

Als Mitternacht vorbei ist und die Räuber von weitem sehen, dass kein Licht mehr im Haus brennt und alles ruhig ist, spricht der Hauptmann[1]: „Warum haben wir nun so Angst gehabt und sind weggelaufen?" Er schickt einen Räuber zum Haus zurück[2]. Er soll nachsehen, ob noch jemand im Haus ist.

Der Räuber findet alles still. Er geht in die Küche und will ein Licht anmachen. Da sieht er die feurigen[3] Augen der Katze und meint, es sind glühende[4] Kohlen. Er hält ein Schwefelhölzchen[5] daran, dass es Feuer fangen soll. Aber die Katze versteht keinen Spaß, springt ihm ins Gesicht[6] und kratzt ihn aus Leibeskräften. Da erschrickt[7] der Räuber und will zur Hintertür hinauslaufen. Aber der Hund, der da liegt, springt auf und beißt ihn ins Bein. Und als der Räuber über den Hof am Misthaufen vorbeiläuft, gibt ihm der Esel noch einen tüchtigen Schlag[8] mit dem Hinterfuß. Der Hahn aber, von dem Lärm aus dem Schlaf geweckt, ruft vom Dach herunter: „Kikeriki!"

Da läuft der Räuber, so schnell er kann, zu seinem Hauptmann zurück und spricht: „Ach, in dem Haus sitzt eine greuliche Hexe[9]. Die hat mich angehaucht[10] und mir mit ihren langen Fingern das Gesicht zerkratzt. An der Tür steht ein Mann mit einem Messer[11], der hat mich ins Bein gestochen. Auf dem Hof liegt ein schwarzes Ungetüm[12], das hat mit einem Holzprügel[13] auf mich losgeschlagen. Und oben auf dem Dach, da sitzt der Richter[14], der ruft: 'Bringt mir den Schelm her[15]!' Da machte ich, dass ich fortkam."

Von nun an getrauen[16] sich die Räuber nicht mehr in das Haus. Den vier Bremer Stadtmusikanten aber gefällt's darin so gut, dass sie nicht wieder hinaus wollen.

1 captain **2** sends back **3** fiery **4** glowing **5** match **6** into his face **7** scares **8** a mighty blow **9** ugly witch **10** to breathe at **11** knife **12** monster **13** wooden club **14** judge **15** get me the rascal **16** venture

Beim Lesen

u. Was machen die Räuber, als sie kein Licht mehr sehen?

v. Was tun die Tiere mit dem Räuber?

w. Was erzählt der Räuber den anderen Räubern?

x. Warum kommen die vier Tiere nicht nach Bremen?

Nach dem Lesen
Übungen

1 Wie gut hast du dieses Märchen verstanden? Mach dir Notizen!

a. Über die Namen

1. Wie nennt der Hund den Esel?
2. Wie nennt der Esel den Hund?
3. Wie nennt der Esel die Katze?
4. Was bedeuten diese Namen?

b. Über die Tiere

1. Beschreibe jedes Tier!
2. Warum läuft jedes Tier von zu Hause weg?
3. Welches Instrument können die Tiere spielen?

c. Über das Räuberhaus

1. Was bemerken die Tiere, bevor sie einschlafen?
2. Was sieht der Esel, als er ins Räuberhaus schaut?
3. Welche Idee haben die vier „Musikanten"?
4. Was ist ihre „Musik"?
5. Wohin laufen die Räuber?
6. Wo schlafen jetzt die vier „Musikanten"?

d. Über die Räuber

1. Was sagt der Räuberhauptmann, als alles ruhig ist?
2. Was erzählt ein Räuber, was ihm im Haus passiert ist? —Was sagt er über die Katze? Den Hund? Den Esel? Den Hahn?

Welches Wort passt in die Lücke?

Ast Baum beißt bellt Dach einschlafen Esel essen Fenster
Gefährten Gesicht Gespenst Getränken Herd hinauszujagen
Hund Katze Köchin Kopf kräht kratzt Mäusen miaut
Mist Musikanten Ofen Räuber Regenwetter Rücken ruft Schlag
schreit springt Suppe Tisch trinken Tür übernachten Weg Wipfel

1. „Graupferd" ist der _____, „Packan" der _____ und „Bartputzer" ist die _____.
2. Ein Sprichwort heißt: Du machst ein _____ wie drei Tage _____.
3. Die Katze sagt: „Ich sitze lieber hinter dem _____ als nach _____ zu jagen.
4. Der Hahn sagt: „Die _____ will mich schlachten und die Gäste wollen mich in der _____ essen."
5. Die vier _____ können Bremen nicht erreichen; sie müssen in einem Wald _____.
6. Der Esel und der Hund legen sich unter einen _____, die Katze klettert auf einen _____ und der Hahn fliegt bis in den _____, wo es am sichersten für ihn ist.
7. Bevor sie _____, sehen sie ein Licht, und die vier machen sich auf den _____ dorthin.
8. Der Esel schaut ins Haus. Er sieht einen gedeckten _____ mit Essen und _____.
9. Vier _____ sitzen um den Tisch und _____ und _____.
10. Was können die Tiere tun, um die Räuber _____?
11. Der Esel stellt sich mit den Vorderfüßen auf das _____, der Hund springt auf des Esels _____, die Katze _____ auf den Hund und der Hahn setzt sich auf den _____ der Katze.
12. Die vier machen Musik. Der Esel _____, der Hund ___ , die Katze ___ und der Hahn _____.
13. Die Räuber meinen, da ist ein _____ und laufen in den Wald hinaus.
14. Die vier Gefährten gehen schlafen. Der Esel legt sich auf den _____, der Hund hinter die _____, die Katze auf den _____ und der Hahn fliegt aufs _____ hinauf.
15. Ein Räuber kommt zurück. Aber da! Die Katze _____ ihn, der Hund _____ ihn ins Bein, der Esel gibt ihm einen tüchtigen _____ und der Hahn _____ „kikeriki!"

3 Eure eigene Erzählung von den Bremer Stadtmusikanten

1. Übernehmt die einzelnen Rollen und lest oder spielt das Märchen der Klasse vor!
2. Bildet eine Gruppe für jedes Tier und schreibt die Geschichte aus der Sicht der Tiere *(from the animals' point of view)*.
3. Schreibt eure eigene Version der Erzählung mit anderen Tieren.
4. Spielt dann eure Version der Klasse vor.

Dies und das

1 Eine Fabel: Schlau wie ein Fuchs

Lies diese Fabel und erzähle sie danach einem Klassenkameraden.

Der Löwe ist der König der Tiere. Eines Tages lädt er alle Tiere ein. Sie sollen in seine Höhle[1] kommen. In seiner Höhle stinkt es aber sehr. Der Löwe merkt das nicht. Er ist ganz stolz auf sein Zuhause und fragt ein Tier nach dem anderen: „Wie findest du mein Schloss?"

Ganz frech und frei sagt der Wolf: „Hier stinkt es!"

„Was, du frecher Kerl[2]!" brüllt der Löwe und boxt den Wolf ins Gesicht.

Dann fragt er den Esel. Der Esel will nicht denselben Fehler wie der Wolf machen. So sagt er: „Hier duftet[3] es wie in einem Rosengarten."

„Du bist ein Heuchler[4]!" schreit der Löwe und beißt den armen Esel am Schwanz[5].

Der Fuchs kommt als nächster dran. „Und du, Fuchs, was sagst du?" fragt der Löwe.

„Ach, lieber König, heute habe ich leider einen bösen Schnupfen[6]", sagt der Fuchs.

2 Tiernamen in Fabeln

Welche Sprichwörter passen zusammen?

1. Schlau wie ein Fuchs.
2. Falsch wie eine Katze.
3. Hungrig wie ein Löwe.
4. Störrisch wie ein Esel.
5. Stark wie ein Ochse.
6. Scheu wie ein Reh.
7. Langsam wie eine Schnecke.

a. As stubborn as a mule.
b. As slow as a snail.
c. As strong as an ox.
d. As shy as a deer.
e. As sly as a fox.
f. As hungry as a bear.
g. As sneaky as a cat.

1 den **2** fresh guy **3** to smell beautifully **4** hypocrite **5** tail **6** bad head cold

Wortschatz

Answer key

Credits

Wortschatz

ab und zu *once in a while*
aber *but*
abnehmen *to relieve*
abschmecken *to taste*
der **Abschnitt, -e** *passage, section*
abwischen *to wipe off*
das **Accessoire** *accessory*
acht *eight*
achten auf *to pay attention to*
die **Adria** *Adriatic Sea*
ähnlich *similar*
aktuell *current, up-to-date*
allein *alone, lonesome*
alles *all, everything*
alt *old*
das **Altenheim, -e** *retirement home*
älter *older*
älteste *oldest*
am: am Montag *on: on Monday*
anbieten *to offer*
andere *other*
die **Anekdote, -n** *anecdote*
der **Anfang** *beginning*
anfangen *to begin*
das **Angebot, -e** *offer*
angefangen *started*
angeklickt *clicked*
die **Angst: Angst haben** *fear: to be scared*
anhaben *to have on, wear*
anhalten *to stop*
anhauchen *to breath at*
ankommen *to arrive*
anpassen *to adapt*
anschauen *to look, view*
anschließen *to connect*
der **Anschluss, ¨-e** *connection*
ansehen *to look at*
ansehen: angesehen *to check: checked*
antworten *to answer, reply*
anwenden *to use*
anzeigen *to point to*
anziehen *to put on, to wear*
der **Anzug , ¨-e** *suit*
der **Appetit** *appetite*
arbeiten *to work*
der **Arbeiter, -** *worker*
die **Arbeitsgemeinschaft, -en** *work group*
die **Arbeitsgruppe, -n** *work group*
der **Arbeitsplatz, ¨-e** *workplace*
die **Architektur** *architecture*
ärgerlich *annoying*
arm *poor*
das **Armband, ¨-er** *bracelet*
der **Ärmel, -** *sleeve*
die **Art, -en** *manner, sort, kind*
der **Artikel, -** *article*
die **Asche** *ashes*
die **Ascheschicht** *layer of ashes*
der **Ast, ¨-e** *tree branch*
die **Atohose** *hip huggers*
die **Attraktion, -en** *attraction*
attraktiv *attractive*
Aua! *Ouch!*
auch *also*
Auf Wiedersehen! *See you later!*
aufeinander *on top of each other*
auffallen *to notice*
aufführen *to act out (a play)*
aufgehen *to open*
aufgeregt *excited*
aufhören *to stop, quit*
auflegen *to hang up (a telephone)*
aufmachen *to open; to get going; to set up*
aufpassen *to pay attention to*
aufrecht: aufrecht erhalten *upright: to maintain, keep up*
aufschreiben *to write down*
aufspringen *to jump on*
aufstehen *to get up*
aufwärmen *to heat up*
aus: dann war's aus! *it was out!, it ended*
der **Ausdruck, ¨-e** *expression*
ausgehen *to go out*
ausgetauscht *exchanged*

auslernen *to finish learning*
die **Ausrede, -n** *excuse*
ausruhen *to relax*
die **Aussage, -n** *statement*
aussagen *to say about, tell*
aussehen *to look, appear*
ausstrahlen *to radiate, exude*
aussuchen *to seek out, search out*
austauschen *to exchange*
auswechseln *to substitute*
ausziehen: zieht sich aus *to undress: undresses oneself*
der **Auszug, ¨-e** *excerpt*
die **Autofirma, -firmen** *auto manufacturer*
automatisch *automatic*

backen: bäckt Brot *to bake: bakes bread*
baden *to bathe, swim*
bald *soon*
der **Bär, -en** *bear*
die **Barbecue-Marinade** *barbecue marinade*
der **Bärenhunger** *great hunger*
das **Bärlein** *little bear*
barock *baroque*
der **Bartputzer** *name for a cat*
basieren *to base, depend on*
bauchfrei *cropped (shirt)*
der **Bauer, -n** *farmer*
die **Bauernfamilie, -n** *farm family*
der **Bauernkäse-Laib** *loaf shaped like a farmer's cheese*
bayrisch *Bavarian*
das **Baywatch-Mädchen** *Baywatch girl*
beantworten *to answer*
bedecken *to cover*
die **Bedeutung, -en** *meaning*
begehren: was das Herz begehrt *to desire: all your heart desires*
begeistern *to inspire*
beginnen *to start*
beglückwünschen *to congratulate*
beide *both; the two*
das **Bein, -e** *leg*
beisammen *together*
das **Beispiel, -e** *example*
beißen *to bite*
bekannt *popular, famous*
der **Bekannte, -n** *acquaintance*
die **Bekleidung, -en** *clothing*
bekommen *to receive*
beleidigen *to insult*
beliebt *beloved; favorite*
beliebtesten *most beloved*
bellen *to bark*
bemerken *to notice*
benoten *to score, rate*
benutzen / benützen *to use*
der **Benutzer, -** *user*
bequem *comfortable*
der **Bericht, -e** *report*
berichten *to report*
der **Beruf, -e** *occupation*
berühmt *famous*
beschreiben *to describe*
besonders *especially*
besprechen *to discuss*
bestehen *to pass (an exam)*
bestellen *to order*
bestimmen *to determine*
das **Besuch** *visit*
besuchen *to visit*
der **Besucher, -** *visitor*
bevor *before*
bewegen *to move*
die **Bewegung, -en** *movement*
bezahlen *to pay (for)*
die **Beziehung, -en** *relationship*
das **Bier** *beer*
der **Biergarten, ¨** *beer garden*
das **Bild, -er** *picture*
bilden *to build, make*
die **Bildergalerie, -n** *art gallery*
der **Bildhauer, -** *sculptor*
billig *cheap, inexpensive*
billiger *cheaper*
bisher *up till now*
blasen *to blow*
die **Blasmusik** *band music*
das **Blatt, ¨-er** *sheet*
blau *blue*
bleiben *to remain*
blind *blind*
das **Blindenheim, -e** *home for the blind*
blöd *dumb, stupid*
die **Blume, -n** *flower*
die **Bluse, -n** *blouse*
der **Boden** *land, soil*

der **Bodensee** *Lake Constance*
böse *wicked, angry*
der **Bote, -n** *messenger*
der **Braten** *roast*
die **Bratwurst, ¨e** *grilled sausage*
brauen *to brew*
braun *brown*
die **Braut, ¨e** *bride*
brechen *to break*
brennen: kein Licht brennt *to burn: no light is on*
die **Brez'n, -** (Bavarian) *large pretzel*
der **Brief, -e** *letter*
die **Brille, -n** *pair of glasses*
bringen *to bring*
die **Brotzeit** (Bavarian) *snack*
brüllen *to roar*
brummen *to growl*
das **Buch, ¨er** *book*
die **Buchhandlung, -en** *bookstore*
die **Bude** *stall, stand*
büffeln *to study hard*
die **Bühnenpartnerin, -nen** *stage partner (female)*
das **Bund (Stroh)** *sheaf, bundle (of straw)*
bunt *colorful*
buntgeschmückt *colorfully decorated*
das **Büro, -s** *office*
busy *busy*
die **Butter** *butter*

C

der **Camembert** *Camembert cheese*
die **Chance, -n** *chance*
der **Charakter** *character*
der **Chat** *chat*
chatten *to chat*
der **Chatraum, ¨e** *chat room*
chinesisch *Chinese*
der **Chip, -s** *chip*
der **Christbaumschmuck** *Christmas tree decoration*
der **Christkindlesmarkt** *Christmas market*
der **Computer, -** *computer*
die **Computer-AG, -s** *computer club*
die **Computerfirma, -en** *computer company*
das **Computerspiel, -e** *computer game*
die **Computersprache** *computer language*
das **Computer-Wort, ¨er** *computer word*
die **Cordhose, -n** *corduroy pants*
die **Currywurst, ¨e** *curry sausage*
die **Cyberwelt** *cyberspace*

da *there; then; at that time*
dabei *with*
das **Dach, ¨er** *roof*
dafür *for it*
die **Dame** *lady*
die **Damenmode, -n** *women's fashion*
damit *so that, in order to*
die **Dampfnudel, -n** *a sweet dessert*
danach *after that*
daneben *next to it*
dann *then*
darauf *about it*
darüber *over there, about it*
darum *therefore, because of that*
darunter *among them*
das *the; that*
die **Daten** (pl) *data, information*
dauern *to last*
der **Daum, -en** *thumb*
decken: ein gedeckter Tisch *to set: a set table*
dein *your*
das **Demonstrationsobjekt, -e** *object for demonstration*
das **Demoobjekt, -e** *show object*
die **Denkaufgabe, -n** *brainteaser*
denken *to think*
das **Denken** *thinking*
das **Denkmal, ¨er** *statue*
das **Denkspiel, - e** *mind game*
deshalb *therefore, as a result*
der **Designerladen, ¨** *designer store*

desto mehr *the more*
deuten *to indicate, signal*
deutsch *German*
Deutschland *Germany*
deutschsprachig *German-speaking*
die **Diät** *diet*
dick *plump, heavyset*
der **Dienstag, -e** *Tuesday*
dies *this*
der **Dirigent, -en** *conductor*
die **Disko, -s** *disco*
diskutieren *to discuss*
doch (particle)
der **Donnerstag, -e** *Thursday*
doppelt *double*
das **Dorf, ¨er** *village*
dort *there*
die **Dose, -n** *can*
dran: ich bin dran *it's my turn*
draußen *outside*
drei *three*
dreimal *three times*
dritte *third*
Drittel (ein) *one-third*
die **Drogerie, -n** *drugstore*
der **Drogist, -en** *druggist, pharmacist*
drücken: drückt mir den Daumen *to press, squeeze: cross your fingers for me*
duften *to smell*
dumm *stupid, dumb*
dunkel *dark*
dünn *thin*
durch *through*
dürfen *to be allowed to, can*

echt *real; noble*
die **Ecke, -n** *corner*
edelsüß *very sweet*
der **Effekt** *effect*
die **Ehefrau, -en** *wife*
der **Ehemann, ¨er** *husband*
die **Ehre: zu Ehren** *honor: in honor of*
ehrlich: ehrlich gesagt *honestly: to be honest*
das **Ei, -er** *egg*
eigen *own*
eilen *to hurry*
ein *a, an*
einarbeiten *to work into*
einfach *simple*
einfacher *easier*
einfallen *to occur to*
einheimisch *native*
die **Einheimischen** (pl) *local population*
einhüllen *to wrap*
einige *some*
einkaufen *to shop*
einkleiden *to clothe*
einladen *to invite*
einmal *once*
einmal: noch einmal *once: once more*
einnehmen: mit den Augen einnehmen *to take in: take in through the eyes*
einpacken *to pack, include*
einsam *lonely*
einschlafen *to fall asleep*
einstürzen *to fall in, crash in*
einverstanden *agreed*
elegant *elegant*
die **Eltern** (pl) *parents*
die **E-Mail, -s** *e-mail*
empfehlen *to recommend*
empfinden *to feel, sense*
das **Ende: am Ende** *end: at the end*
endlich *finally*
Englisch *English*
das **Entchen, -** *little duck*
entfernt *away, at a distance*
enthalten *to contain*
entlang *along*
entlegen *remote*
entreißen *to tear off*
entschuldigen *to apologize*
Entschuldigung! *pardon me, excuse me*
entstehen *to arise*
entzwei *in two*
er *he*
die **Erdäpfel** (pl) (regional) *potatoes*
die **Erde** *earth, ground*
die **Erfahrung, -en** *experience*
erfragen *to ascertain, ask about*
erhalten *to sustain*
erkennen *to recognize*
erleben *to experience*
erproben *to test*
erraten *to guess*
erreichen *to reach*
ersaufen *to drown*
erscheinen *to appear*

erschrecken *to be frightened*
erst: erst so spät gespielt *first, only: played only so late*
erstaunt *surprised*
die **Erste-Hilfe-Tasche, -n** *first-aid kit*
erwarten *to expect*
erzählen *to tell, narrate*
der **Esel, -** *donkey*
essen *to eat*
das **Essen, -** *food*
der **Essenstand, ¨-e** *food stand, snack stand*
der **Euro, -s** *euro (European currency)*
Europa *Europe*
europäisch *European*
die **Europameisterschaft, -en** *European Cup*
exzellent *excellent*

die **Fabel, -n** *fable*
der **Fahrer** *driver*
fallen: fällt auf *to fall: falls on*
fallen: gefallen *to fall: fell*
falsch *wrong*
der **Familienname, -n** *family name*
fangen *to catch*
die **Farbe, -n** *color*
die **Fassade, -n** *façade, front*
fast *almost*
faulenzen *to be lazy*
der **Fehler, -** *mistake*
der **Feiertag, -e** *holiday*
fein *fine*
das **Feld, -er** *field*
das **Fenster, -** *window*
die **Ferien** (pl) *vacation (from school)*
das **Ferngespräch, -e** *long-distance call*
das **Fernglas, ¨-er** *binoculars*
der **Fernsehapparat, -e** *TV set*
das **Fernsehen** *the medium of television*
fernsehen *to watch TV*
das **Fernsehmärchen, -** *television fairy tale*
fertig *finished*
des **Fertiggericht, -e** *convenience food*
fest *strong, tight; fixed*
das **Fest, -e** *festival*
die **Festhalle, -n** *hall for hosting festivals*
die **Festkapelle, -n** *festival band*
die **Festwoche, -n** *festival week*
das **Festzelt, -e** *festival tent*
das **Fett** *grease*
das **Feuer** *fire*
feurig *fiery*
die **Figur, -en** *figure*
der **Filetspieß, -e** *shish kebab*
das **Filmstudio, -s** *film studio*
die **Firma, Firmen** *firm, company*
der **Fisch, -e** *fish*
fischen: fischt Fische *to fish: catches fish*
das **Fleisch** *meat*
die **Fleischdicke** *meat thickness*
die **Fliege, -n** *fly, insect*
fliegen *to fly*
der **Flughafen, ¨-** *airport*
die **Flugzeugfirma, -en** *airplane firm*
der **Fluss, ¨-e** *river*
das **Flussufer, -** *riverbank*
folgend- *following*
die **Formulierung, -en** *formulation*
fortgehen *to go away*
fortkommen: fortkam *to get out: got out*
der **Fortschritt** *progress*
das **Foto, -s** *photo*
fragen *to ask*
die **Frau, -en** *wife, woman*
das **Frauchen** *mistress*
die **Frauenkirche** *Church of Our Lady*
das **Fräulein** *Miss*
frech *rude, cheeky*
das **Freie: im Freien** *outdoors*
die **Freiheit** *freedom*
der **Freitag, -e** *Friday*
fressen: frißt sieben Fliegen *to eat, devour: eats seven flies*
freuen *to be happy, glad*
der **Freund, -e** *friend*
die **Freundin, -nen** *friend (female)*
die **Freundschaft, -en** *friendship*
frisch *fresh*
der **Frisör, -e** *barber, hairdresser*
fröhlich *happy*

der **Frosch, ¨-e** *frog*
fruchtbar *productive, fertile*
früher *formerly, previously*
der **Frühling** *spring*
die **Frühlingsblume, -n** *spring flower*
der **Fuchs, ¨-e** *fox*
führen *to lead*
fünftausend *five thousand*
fünfzehnjährig *fifteen-year-old*
für *for*
furchtbar *terrible*
der **Fuß, ¨-e** *foot*

gackern *to cackle*
die **Galerie, -n** *gallery*
ganz *complete, quite, total*
der **Garten, ¨** *garden*
der **Gast, ¨-e** *guest*
der **Gaul** *old horse, nag*
geben: was gibst du mir *to give: what will you give me*
das **Gebirge, -** *mountains*
geboren: ich bin in München geboren *to be born: I was born in München*
gebraten *fried*
gebrauchen *to employ, use, make use of*
gebrauchen *to use, employ*
die **Gebrauchsanweisung, -en** *instruction manual*
die **Gebrüder** (pl) *brothers*
die **Gebühr, -en** *fee, bill*
der **Geburtstag, -e** *birthday*
das **Gedicht, -e** *poem*
der **Gefährte, -n** *companion*
gefallen *to be pleasing to, like*
geformt *formed*
das **Gefühl, -e** *feeling*
gegeben *gave*
gegen *against, versus*
die **Gegend, -en** *area, region*
gehabt *had*
gehackt *chopped*
gehen (in) *to go to (a school), to attend*
das **Geld, -er** *money*
die **Gelegenheit, -en** *opportunity*
gelernt *learned*
gemeinsam *together*
das **Gemüse, -** *vegetables*
gemütlich *comfortable, cozy*
die **Gemütlichkeit** *cosiness*
genau *exact(ly)*
der **Generaldirektor, -en** *general manager*
genießen *to enjoy*
gerade *just*
das **Geräusch, -e** *noise*
das **Gericht, -e** *dish*
geröstet *roasted*
der **Geruch, ¨-e** *smell*
der **Gesangsverein, -e** *singing group*
geschaffen *created*
das **Geschäft, -e** *business*
der **Geschenkartikel, -** *gift article, gift item*
die **Geschichte, -n** *story*
geschickt *skilled, skillful*
gesehen *saw*
der **Geselle, -n** *journeyman*
gesetzt *erected*
das **Gesicht, -er** *face*
das **Gespenst, -er** *ghost*
das **Gespräch, -e** *discussion*
gestochen *stabbed*
gesund *healthy*
das **Getränk, -e** *drink*
getrauen *to venture*
getroffen *met*
geweckt *woke*
gewidmet *dedicated to*
gewinnen *to win*
gewisse *certain*
gewöhnlich *common; usual(ly)*
geworden *became*
das **Gewürz, -e** *spice*
gezeigt *shown*
gießen *to water*
die **Gitarre, -n** *guitar*
glauben *to believe, think*
gleich *same*
gliedern *to divide*
das **Glück : Glück haben** *luck: to be lucky*
Glück: Ein Glück! *luckily*
glücklich *happy*
der **Glücksklee** *four-leaf clover*
das **Glücksschwein, -e** *lucky pig*
das **Glückssymbol, -e** *symbol of luck*
glühend *glowing*

das **Gold** *gold*
der **Gott** *God*
der **Grad, -e** *degree*
die **Graffitiwand, ¨-e** *graffiti wall*
grau *gray*
das **Graupferd** *name for a mule*
greifen *to grab*
greulich *horrible*
Griechenland *Greece*
Griechin *Greek (female)*
der **Grill** *grill*
grillen *to grill*
das **Grillen** *grilling*
die **Grillgabel, -n** *grilling fork*
das **Grillgut** *grilled item*
der **Grillmeister, -** *grilling expert*
der **Grillplatz, ¨-e** *grilling area*
der **Grillrost** *grate*
der **Grilltipp, -s** *grilling tip*
die **Grillzange, -n** *tongs*
die **Grillzeit** *grilling time, barbecue time*
groß *big*
großartig *great*
die **Großeltern** (pl) *grand-parents*
größer *bigger*
die **Großstadt, ¨-e** *big city*
grotesk-komische Szenen *grotesque funny scenes*
der **Grund, ¨-e** *reason, purpose*
gründen: im Jahr 1158 gegründet *to found, establish: founded in 1158*
die **Grundregel, -n** *basic rule*
grunzen *to grunt*
die **Gruppe, -n** *group*
guat (Bavarian) *good*
der **Gummiball, ¨-e** *rubber ball*
die **Gurke, -n** *cucumber*
gut *good, well*
Gute: alles Gute *all the best*
Güte: meine Güte *my goodness*
der **Gutschein, -e** *gift certificate*

das **Haar, -e** *hair*
der **Haarschnitt** *haircut*
haben *to have*
hacken *to chop*
das **Haferl, -** *mug, cup*
der **Hahn, ¨-e** *rooster*
das **Hähnchen, -** *chicken*
halb: halbes Jahr *half: half a year*
der **Halbschuh, -e** *slip-on shoe*
die **Halbzeit, -en** *halftime*
die **Hälfte, -n** *half*
der **Hals, ¨-e** *throat*
das **Halsband, ¨-er** *necklace*
Halt! *Stop!*
halt den Mund *keep quiet*
halten *to hold*
hämmern *to hammer*
die **Hand, ¨-e** *hand*
handeln (von) *to deal with*
der **Handwerker, -** *craftsman*
das **Handy, -s** *cell phone*
das **Hänschen** *little Hans*
der **Harzer, -** *a type of cheese*
der **Hase, -n** *hare*
der **Hauptmann** *captain*
die **Hauptstadt, ¨-e** *capital*
das **Haus, ¨-er** *house*
Hause: zu Hause *at home*
die **Hausfrau, -en** *housewife*
der **Haushahn** *house rooster*
der **Haushalt** *household*
der **Hausmeister, -** *janitor*
der **Hausschlüssel, -** *house key*
die **Haxe, -n** *shank*
die **Hax'n-Braterei, -en** *restaurant specializing in roasted pork shanks*
heben: heb dein Bein *to raise, lift: raise your leg*
die **Heimat** *hometown*
heiraten *to marry*
heißen *to be called*
helfen *to help*
Helgoland *Helgoland (island)*
hell: hell erleuchtet *bright: brightly shining*
heller *brighter*
das **Hemd, -en** *shirt*
herab *down on*
herausfinden *to find out*
Herberge, -n *inn, lodgings*
der **Herbst** *fall*
der **Herd, -e** *stove*

hereinkommen *to come in*
der **Herr, -en** *master; Mr.; gentleman*
der **Herrgott** *Lord, God*
herrlich *wonderful, fantastic*
herrschen *to reign, rule*
herum *around*
das **Herz, -en** *heart*
der **Heuchler, -** *hypocrite*
heute *today, nowadays*
heutzutage *nowadays*
die **Hexe, -n** *witch*
hier *here*
der **Himmel** *sky, heaven*
hin *there*
hinaus *outward*
hinaus: hüpft hinaus *outward: to jump out*
hinausjagen *to drive out*
hinblättern *to put down, come up with*
hineinschauen *to look in*
hinter *behind*
der **Hinterfuß, ¨-e** *hind foot*
das **Hintergrundwissen** *background knowledge*
hinzu: hinzusetzen *add: to add to*
das **Hochdeutsch** *High German*
die **Hochsaison** *high season*
der **Hof, ¨-e** *yard; farm house*
Hofbräu *royal brewery*
hoffen *to hope*
höflich *polite*
die **Höhe: in die Höhe** *height: high up*
die **Höhle, -n** *cave*
holen *to get, fetch*
die **Holzkohle** *charcoal*
der **Holzprügel, -** *wooden club*
der **Honig** *honey*
Hopp! *Hop!*
hören *to hear, listen to*
der **Hörer, -** *receiver*
die **Hose, -n** *pants*
hübsch *pretty*
das **Hufeisen, -** *horseshoe*
der **Humor** *humor*
der **Hund, -e** *dog*
das **Hundewetter** *very bad weather*
der **Hunger** *hunger*
hungrig *hungry*
hüpfen: hüpft hinein *to jump: jumps in*

der **ICE-Express** *name of the German high speed train*
ideal *ideal*
die **Idee, -n** *idea*
identifizieren *to identify*
ihm *him*
die **Imbissstube, -n** *snack stand*
in: ins Zimmer *in: into the room*
die **Industrie, -n** *industry*
die **Information, -en** *information*
der **Ingenieur, -e** *engineer*
der **Inhalt** *content*
die **Innenstadt, ¨-e** *downtown*
die **Insel, -n** *island*
das **Instrument, -e** *instrument*
interessant *interesting*
interessieren *to interest, appeal to*
das **Internet** *internet*
das **Internetcafé, -s** *internet café*
der **Internet-Nutzer, -** *internet user*
der **Internet-Zugang** *internet access*
ist *is*
Italien *Italy*
italienisch *Italian*

jagen *to hunt*
der **Jäger** *hunter*
das **Jahr, -e** *year*
die **Jahreszeit, -en** *seasons*
jeder *each, every*
der **Job** *job*
jobben *to have a job*
jubeln *to jubilate*
der **Jugendliche, -n** *young person, youth*
jung *young*
der **Junge, -n** *boy*

der **Käfer, -** *beetle*
kalt *cold*
das **Kaninchen, -** *rabbit*
die **Kapelle, -n** *band*

das **Karo, -s** *check; square*
die **Karte, -n** *ticket; card; map*
das **Kartoffelpüree** *mashed potatoes*
die **Kastanie, -n** *chestnut*
die **Katze, -n** *cat*
der **Katzensprung** *short distance*
kaufen: gekauft *to buy: bought*
die **Kaufleute** (pl) *merchants*
kaum *barely*
der **Keller, -** *cellar, basement*
der **Kellner, -** *waiter*
kennen *to know, be familiar or acquainted with*
kennen lernen *to get to know*
der **Kerl, -e** *boy, guy, fellow*
das **Kettengeschäft, -e** *business chain*
kicken *to kick*
kikeriki *cock-a-doodle-doo*
das **Kind, -er** *child*
die **Kirche, -n** *church*
die **Kirsche, -n** *cherry*
die **Klamotten** (pl) *clothes*
Klasse! *Great!*
die **Klasse: die neunte Klasse** *class, classroom: the ninth grade*
der **Klassenkamerad, -en** *classmate*
die **Klassenlehrerin, -nen** *homeroom teacher (f.)*
klassisch *classic*
das **klassisch-griechische Gebäude, -** *classical Greek building*
klatschen *to clap, applaud*
der **Klee** *clover*
kleiden *to dress*
die **Kleider** (pl) *clothes*
die **Kleidung** *clothing, dress*
klein *short, small*
klettern *to climb*
der **Klient, -en** *client*
klirren *to shatter*
der **Kloß, ¨-e** *dumpling*
der **Knoblauch** *garlic*
der **Knochen, -** *bone*
der **Knödel, -** *dumpling*
knusprig *crispy*
der **Koch, ¨-e** *cook*
kochen *to cook*
das **Kochen** *cooking*
die **Köchin, -nen** *cook (female)*
die **Kohle, -n** *charcoal*
kombinieren *to combine*
der **Komiker, -** *comedian*
komisch *funny*
kommen (aus) *to come (from)*
kommen: aus der Erde kommen *to come: to sprout from the earth*
kommerzialisieren *to commercialize*
kommerziell *commercial*
komponieren *to compose*
die **Konditorei, -en** *pastry shop*
der **König, -e** *king*
die **Königin, -nen** *queen*
die **Konjunktion, -en** *conjunction*
können: sie kann das nicht *to be able to: she cannot do that*
konservativ *conservative*
der **Kontext** *context*
konzentrieren *to concentrate*
das **Konzert, -e** *concert*
der **Kopf, ¨-e: von Kopf bis Fuß** *head: from head to toe*
das **Köpfchen, -** *little head*
die **Kopfleiste, -n** *banner; head*
das **Kopftuch, ¨-er** *(head) scarf*
der **Korb, ¨-e** *basket*
der **Korbball** *basketball*
korrespondieren *to correspond, communicate*
kosten *to cost*
kostenlos *free of charge*
die **Kostprobe, -n** *sample*
die **Kraft** *strength*
kräftig *strong*
krähen *to crow*
kratzen *to scratch*
das **Kraut** *sauerkraut*
das **Kraut, ¨-er** *herb*
der **Krebserreger** *carcinogen*
der **Kren** (Bavarian) *horseradish*
der **Kronprinz, -en** *crown prince*
krumm *crooked*
die **Kruste, -n** *crust*
die **Küche, -n** *kitchen*
das **Kuchenessen** *eating of cake*

das **Kuckuckslied** *cuckoo's song*
die **Kuh, ¨-e** *cow*
die **Kultjeans** *trendy jeans*
der **Kümmel** *caraway seeds*
künstlerisch *artistic*
der **Kurs, -e: einen Kurs machen** *course: to take a course*
kurz *short*
die **Kurzgeschichte, -n** *short story*

lächelnd *smilingly*
das **Lachen** *laughter*
der **Laden, ¨** *store*
der **Ladentisch, -e** *store counter*
der **Laib** *loaf*
das **Land: auf dem Land** *country: in the country*
das **Land, ¨-er** *land, country; state*
landen: einen Job gelandet *to land: landed a job*
die **Landeskunde** *cultural information*
lang *long*
langsam *slow(ly)*
langweilig *boring*
der **Laptop, -s** *laptop*
der **Lärm** *noise*
die **Lasagne** *lasagna*
lätschert (Bavarian) *tasteless*
die **Lauer: auf der Lauer** *lying in wait*
laufen (läuft) *to run, to walk*
lausen: mich laust der Affe *someone is pulling my leg*
die **Laute, -n** *lute*
lauten *to sound, read*
läuten *to ring, toll*
lauter *louder*
leben *to live*
das **Leben** *life*
die **Lebenserfahrung, -en** *experience*
die **Leber** *liver*
lebhaft *lively*
lebhafter *livelier, more vivid*
der **Lebkuchen, -** *gingerbread*
lecker *delicious*
die **Lederjacke, -n** *leather jacket*
legen *to lay, place*
das **Lehnwort, ¨-er** *borrowed word*
die **Lehrerin, -nen** *teacher (female)*
die **Leibeskraft: aus Leibeskräften** *with all one's might*
leicht *light*
Leid: tut mir Leid *I am sorry*
leider *unfortunately*
das **Lernen** *learning*
die **Leseabsicht, -en** *purpose for reading*
der **Leser** *reader*
die **Leseratte, -n** *bookworm*
die **Lesestrategie, -n** *reading strategy*
das **Lesestück, -e** *text*
die **Leute** (pl) *people*
das **Lexikon** *lexicon*
das **Licht, -er** *light*
der **Lichtschein** *ray of light*
lieben *to love*
Lieblings-: Lieblingsfarbe *favorite: favorite color*
liebsten (am) *best*
das **Lied, -er** *song*
der **Liedertext, -e** *song text*
liegen *to lie*
liegen an *to be due to*
das **Lineal, -e** *ruler*
die **Liste** *list*
locker *loose*
lockig *curly*
Los! *come on!*
los: Was ist los? *What is happening?*
losgeschlagen *started to hit*
die **Lösung, -en** *solution*
der **Löwe, -n** *lion*
die **Lücke, -n** *blank*
das **Luftloch, ¨-er** *air hole*
lügen *to lie*
lustig *funny, cheerful*

machen *to do, make*
die **Macht** *power, strength, might*
das **Mädchen, -** *girl*

die **Mädchenband** *girl band, girl group*
mahlen *to grind*
das **Mal: das zweite Mal** *time: the second time*
malen *to paint*
man *one, you*
manche *some*
manchmal *sometimes*
die **Mandel, -n** *almond*
der **Mann, ⸚er** *man*
der **Mantel, ⸚** *coat*
das **Märchen, -** *fairy tale*
der **Marienkäfer, -** *ladybug*
die **Mariensäule** *column of St. Mary*
marinieren *to marinate*
der **Markt, ⸚e** *market*
der **Marktflecken, -** *community market*
die **Maß: eine Maß Bier** *a mug of beer*
die **Masse** *mixture*
Mathe *math*
die **Mauer, -n** *wall*
das **Maul** *mouth (of an animal)*
die **Maus, ⸚e** *mouse*
meckern *to bleat, grumble*
der **Meerrettich** *horseradish*
das **Megafon, -e** *megaphone*
das **Mehl** *flour*
mein *my*
meinen *to believe, think*
die **meisten (Leute)** *most (people)*
meistens *mostly*
der **Meister, -** *master*
die **Melodie, -n** *melody*
die **Menge** *lot*
der **Mensch, -en** *person*
die **Menschheit** *humanity, mankind*
merken *to notice*
das **Messegelände** *fair-ground*
das **Messer, -** *knife*
die **Messestadt, ⸚e** *city that hosts fairs*
die **Metropole, -n** *metropolis*
der **Metzger, -** *butcher*
miauen *to meow*
mich *me*
das **Mikrofon, -e** *microphone*
das **Millionendorf** *village of millions*
mindestens *at least*
missbrauchen *to misuse, abuse*
der **Mist** *dung, manure pile*
mit *with*
miteinander *with one another*
das **Mitglied, -er** *member*
der **Mitschüler, -** *fellow student*
mitspielen *to play with*
das **Mittagessen** *lunch*
das **Mittelmeer** *Mediterranean Sea*
die **Mitternacht** *midnight*
der **Mittwoch, -e** *Wednesday*
möchten *would like to*
die **Mode-Boutique, -n** *fashion boutique*
die **Modemesse, -n** *fashion exposition, fair*
modern *modern*
mögen *to like*
möglich *possible*
die **Möglichkeit, -en** *possibility, opportunity*
die **Möhre, -n** *carrot*
der **Monolog, -e** *monologue*
der **Montag, -e** *Monday*
das **Moos** (slang) *money*
das **Motorrad, ⸚er** *motorcycle*
müde *tired*
muhen *to moo, low*
der **Müll** *trash*
der **Münchner, -** *person from Munich*
der **Mund** *mouth*
die **Münze, -n** *coin*
das **Museum, -en** *museum*
die **Musik** *music*
der **Musikchor, ⸚e** *choir*
der **Musikfrosch, ⸚e** *music frog*
die **Musikgruppe, -n** *music group*
der **Musiklehrer, -** *music teacher*
der **Musikunterricht** *music lesson/instruction*
musizieren *to make music*
müssen: ich muss *to have to: I must*

nach: nach dem andern *after: after the other*
nachdenken *to think about*
der **Nachmittag** *afternoon*

die **Nachprüfung, -en** *makeup exam*
die **Nachrichten** (pl) *news*
nachschlagen *to look up*
nachsehen *to take a look, check it out*
nächst *next*
die **Nacht, ¨e: über Nacht** *night: overnight*
der **Nachtisch** *dessert*
die **Nachtmusik** *night music*
der **Name, -n** *name*
die **Nase, -n** *nose*
nass *wet*
die **Nationalmeisterschaft, -en** *national championship*
natürlich *of course*
das **Naturschutzgebiet, -e** *nature preserve*
nebenbei *by the way, at the same time*
nehmen *to take;* **Musikunterricht nehmen** *to take music lessons*
nennen *to name*
das **Netz, -e** *net, internet*
neu *new*
die **Neuigkeit, -en** *latest news, information*
nicht *not*
nichts *nothing*
niederlassen *to settle down*
niemand *nobody*
niesen *to sneeze*
das **Niespulver** *sneeze powder*
nimmermehr *never ever*
noch *still*
noch: noch einmal *once more*
der **Norden** *north*
nördlich *northern; north of*
nordöstlich *northeastern*
der **Nordpol** *North Pole*
der **Nordwind** *north wind*
die **Not** *need, hardship*
die **Note, -n** *grade*
die **Notiz, -en** *note*
null *zero*
die **Nummer, -n** *number*
nun *now*
der **Nussknacker, -** *nutcracker*

oben *above*
das **Obst** *fruit*
der **Ochse, -n** *ox*
oder *or*
der **Ofen, ¨** *oven*
ofenfrisch *fresh from the oven*
oft *often*
der **Oktober** *October*
das **Oktoberfest** *Octoberfest*
das **Oktoberfestlied, -er** *Octoberfest song*
das **Öl, -e** *oil*
das **Opernhaus, ¨er** *opera house*
die **Orange, -n** *orange*
das **Orchester, -** *orchestra*
ordnen *to arrange, order*
der **Ort, -e** *place, location*
der **Osten** *east*
die **Ostsee** *Baltic Sea*

paar *a few, a couple*
Packan *name for a dog*
das **Papier, -e** *paper*
das **Papierhandtuch, ¨er** *paper towel*
der **Paprika** *bell pepper*
die **Paprikaschote, -n** *bell pepper*
die **Partnerin, -nen** *partner (female)*
passen *to fit*
passend *fitting*
passieren *happen*
die **Pauke, -n** *bass drum*
die **Pause, -n** *break*
der **PC** *PC*
das **Pech** *misfortune, bad luck;* **Ich hatte Pech** *I was unfortunate*
persönlich *personal*
das **Pferd, -e** *horse*
das **Pferderennen, -** *horse race*
piepen *to chirp*
der **Pilot, -en** *pilot*
der **Pilz, -e** *mushroom*
die **Pizza, Pizzen** *pizza*
die **Plage** *nuisance*
die **Plateauschuhe** (pl) *platform shoes*
der **Platz, ¨e: Nehmen Sie Platz!** *place, seat: Have a seat.*
plötzlich *suddenly*
die **Politik** *politics*
die **Pommes frites** (pl) *French fries*

die **Popmusik** *pop music*
populär *popular, famous*
das **Portemonnaie, -s** *wallet*
die **Pose, -n** *pose, posture*
die **Post** *post office*
die **Postkutsche, -n** *postal coach*
der **Postkutscher, -** *postal coachman*
prima *great, super*
Prima! *Wonderful! Great!*
der **Prinz, -en** *prince*
die **Prinzessin, -nen** *princess*
privat *private*
probieren *to try*
der **Professor, -en** *professor*
das **Programm, -e** *program*
das **Pronomen, -** *pronoun*
das **Prozent, -e** *percent*
die **Prügel** *spanking*
PS = Pferdestärke *HP = horsepower*
der **Pullover, -** *sweater, pullover*
der **Punkt, -e** *point*
die **Puppe, -n** *doll, mannequin*

quaken *to croak*
das **Quartier, -e** *lodging*

der **Radi, -** *large white radish*
das **Radieschen, -** *radish*
das **Radieserl, -** *small radish*
der **Radweg, -e** *bicycle path*
das **Rathaus, ¨er** *city hall*
der **Räuber, -** *robber, thief*
der **Räuberhauptmann** *leader of the robbers*
das **Räuberhaus, ¨er** *bandits' hideout*
räuspern *to clear one's throat*
das **Realgymnasium** *type of high school*
rechnen *to depend on, count on*
das **Recht: Du hast Recht.** *right: You're right.* **mit Recht** *rightly so*
der **Rechtsanwalt, ¨e** *lawyer*
die **Redensart, -en** *idiom*
das **Regenwetter** *rainy weather*
der **Reiberknödl, -** *type of dumpling*
die **Reihenfolge** *sequence*
der **Reim, -e** *rhyme*
das **Reisgericht, -e** *rice dish*
reißen *to tear*
die **Renaissance-Fassade, -n** *Renaissance façade*
rennen *to run*
der **Renner: die großen Renner** *hit: the big hits*
das **Repertoire, -s** *repertoire*
der **Rettich, -e** *radish*
die **Rettungsschwimmerin** *lifeguard (female)*
revidieren *to revise*
das **Rezept, -e** *recipe*
der **Richter, -** *judge*
Rock 'n' Roll *rock-and-roll*
der **Rock, ¨e** *skirt*
die **Rolle, -n** *role*
das **Rollenspiel** *role play*
der **Roman, -e** *novel*
rosa *pink*
die **Rose, -n** *rose*
der **Rosengarten, ¨** *rose garden*
der **Rost, -e** *grate*
rot *red*
ruckartig *jerky*
der **Rücken** *back*
der **Rucksack, ¨e** *rucksack, backpack*
rufen *to call, scream, shout*
ruhig *quiet(ly)*
rund *round*

die **Sache, -n** *thing*
der **Sachtext, -e** *non-fiction*
sagen *to say, tell*
die **Sahne** *cream*
das **Salz** *salt*
salzen *to salt*
der **Samstag: am Samstag** *Saturday: on Saturday*
die **Sängerin, -nen** *singer (female)*
der **Satin** *satin*
der **Satz, ¨e** *sentence*
der **Satzteil, -e** *part of a sentence*
sauber *clean*
das **Sauerkraut** *sauerkraut*

das **Saxofon, -e** *saxophone*
das **Schach** *chess*
die **Schachtel, -n** *box*
Schade! *What a pity!*
schaffen *to create*
der **Schatz: mein Schatz** *treasure: my darling*
schauen *to look, gaze*
das **Schaufenster, -** *display window*
die **Scheibe, -n** *slice; (window) pane*
der **Schelm, -e** *rascal*
schenken *to give (a gift)*
der **Scherz, -e** *joke*
die **Scherzfrage, -n** *riddle*
scherzhaft *jokingly*
scheu *shy*
schicken *to send*
schießen: schießt ein Tor *to shoot: to score a goal*
das **Schiff, -e** *ship*
das **Schild, -er** *sign*
schimmern *to glimmer, shimmer*
das **Schimpfwort, ¨er** *curse, insult*
schlachten *to butcher, slaughter*
das **Schlafmittel, -** *sleeping medication*
die **Schlafstätte** *place to sleep*
der **Schlag, ¨e** *blow*
der **Schlag: mit Schlag** *flared*
schlagen: schlägt den Ball *to hit: hits the ball*
der **Schlagzeuger, -** *drummer*
schlank *slim*
die **Schlankheitskur, -en** *weight-loss program*
das **Schlankheitsmittel** *weight-loss product*
schlau *smart*
schlecht *bad*
der **Schlitten, -** *sled*
das **Schloss, ¨er** *castle*
das **Schlüsselwort, ¨er** *key word*
das **Schmankerl, -** (Bavarian) *tidbit*
schmecken: was ihm am besten schmeckt *to taste: what he likes best*
der **Schmelzkäse** *soft cheese*
der **Schmied** *blacksmith*
die **Schnecke, -n** *snail*
das **Schneckentempo** *snail's pace*
der **Schnee** *snow*
das **Schneemobil** *snowmobile*
schneiden *to cut*
schnell *fast, quick(ly)*
der **Schnupfen** *head cold*
schnurren *to purr*
die **Schokolade** *chocolate*
das **Schokoladenherz, -en** *heart-shaped chocolate*
schon *already*
schön *beautiful*
das **Schöne** *beautiful thing*
der **Schornsteinfeger, -** *chimney sweep*
schreiben *to write*
der **Schreibtisch, -e** *desk*
schreien *to scream*
der **Schuh, -e** *shoe*
die **Schuld** *fault*
die **Schule, -n** *school*
der **Schüler, -** *student*
der **Schüleraufsatz, ¨e** *student essay*
der **Schulhof, ¨e** *schoolyard*
die **Schulklamotten** (pl.) *school clothes*
die **Schultasche** *school bag*
das **Schul-Web** *school web pages*
die **Schulwebseite, -n** *school website*
die **Schulzeitung, -en** *school newspaper*
schunkeln *to link arms and sway*
schütteln *to shake*
der **Schwanz, ¨e** *tail*
das **Schwänzchen, -** *little tail*
schwarz *black*
das **Schwefelhölzchen** *match*
das **Schwein, -e** *pig*
das **Schweinekotelett,- s** *pork chop*
die **Schweinshax'n, -** *pork shank*
das **Schweinwürstl, -** *pork sausage*
schwer *difficult, heavy*
schwimmen *to swim*
sechs *six*
der **See, -n** *lake*
der **Seemann, ¨er** *sailor*
die **Seerose, -n** *lily pad*
sehr *very*
sei *be (command form)*
das **Seilspringen** *jumping rope*

sein *to be*
seit *since*
die **Seite, -n** *side, page*
die **Sekretärin, -nen** *secretary (female)*
die **Sekunde, -n** *second*
selber *self*
selbst: dafür selbst bezahlen *-self, oneself: to pay for it oneself*
selten *seldom*
die **Semmel, -n** *roll*
der **Senf** *mustard*
setzen *to set, place*
sich *self*
sicher *safe*
sichersten *safest*
die **Sicht** *perspective*
Sie *you (formal)*
sie *she, it, they, them*
der **Sieger, -** *winner*
singen *to sing*
der **Sitz, -e** *seat*
die **Skulptur, -en** *sculpture*
der **Snack,-s** *snack*
die **Socke, -n** *socks*
sofort *immediately*
die **Software** *software*
sogar *even*
sogenannt *so-called*
der **Sohn, ¨e** *son*
solch *such*
der **Sommer** *summer*
die **Sommerzeit** *summer-time*
sondern *but, on the contrary*
der **Song, -s** *song*
die **Sonne** *sun*
die **Sonnenplatz, ¨e** *sunbathing area*
der **Sonnenschein** *sunshine*
der **Sonntag, -e** *Sunday*
sonst *otherwise; or else*
sowohl als *as well as*
spannend *exciting*
spannendsten *most exciting*
der **Spaß: aus Spaß** *fun: for fun;* **macht Spaß** *is fun*
der **Speckkrautsalat** *cole slaw with bacon*
die **Speise, -n** *food*
der **Sperling, -e** *sparrow*
das **Spiegelei, -er** *fried egg*
spinnen *to spin*
spiralförmig *in spiral form*
der **Spitzer, -** *sharpener*
der **Sport** *sport*
die **Sprache, -n** *language*
der **Sprecher, -** *speaker, leader*
das **Sprichwort, ¨er** *proverb*
springen *to jump*
der **Sprung, ¨e** *jump*
die **Stadt, ¨e** *city*
der **Stadtmusikant, -en** *city musicians*
der **Stall: Schweinestall** *stable: pigsty*
stammen (aus) *to come from, date from*
stammen (von) *to descend, stem from*
der **Stand, ¨e** *kiosk*
stark *strong*
starren *to stare*
stattfinden *to take place*
die **Statue, -n** *statue*
stechen *to stab*
der **Steckerlfisch, -e** *grilled fish*
steif *stiff*
sterben *to die*
stets *constantly, always*
still *quiet, still*
die **Stimme, -n** *voice*
Stimmt! *Correct!*
die **Stimmung** *mood, atmosphere*
stinken *to stink*
das **Stirnband, ¨er** *head-band*
stolz *proud*
störrisch *stubborn*
die **Strafe,-n** *fine*
strahlen *to shine*
die **Straßenbahn, -en** *city train*
der **Straßenrand** *roadside*
streiten *to quarrel*
streuen *to sprinkle*
stricken *to knit*
das **Stroh** *straw*
strohdumm *very dumb*
der **Strohkopf** *numbskull*
die **Strohwitwe, -n** see page 8
der **Strohwitwer, -** see page 8
die **Stube, -n** *room; living room*
studieren *to study (at a university)*
stumpf *dull*
der **Stundenplan, ¨e** *class schedule*
suchen *to look for, seek*
die **Suchmaschine, -n** *search engine*

der **Süden** *south*
südlich *southern; south of*
summen *to buzz*
sündigen *to sin*
super *super*
superschnell *high speed*
die **Suppe, -n** *soup*
surfen *to surf*
süß *sweet*
synonym *synonymous*
die **Szene, -n** *scene*

das **Tabu** *taboo*
die **Tafel, -n** *chalkboard*
der **Tag, -e** *day*
die **Tageszeit: zu jeder Tageszeit** *any time of the day*
die **Tageszeitung, -en** *daily newspaper*
die **Tanne, -n** *fir tree*
der **Tante-Emma-Laden, ¨** *mom-and-pop store*
das **Taschengeld** *pocket money*
die **Tasse, -n** *cup*
die **Taube, -n** *pigeon*
täuschen *to deceive*
der **Tausendfüßler, -** *millipede*
der **Techniker, -** *technician*
die **Technische-Hochschule** *technical college*
der **Teil, -e** *part*
das **Telefon, -e** *telephone*
der **Telefonanschluss, ¨e** *telephone connection*
das **Telefonat, -e** *telephone call*
das **Telefonbuch, ¨er** *telephone directory*
das **Telefongespräch, -e** *telephone conversation*
die **Temperatur, -en** *temperature*
der **Tennisplatz, ¨e** *tennis court*
teuer *expensive*
der **Teufel** *devil*
der **Text, -e** *text*
texten *to write text*
Textil- und Lederwaren *textile and leather goods*
das **Theater, -** *theater*
das **Thema, Themen** *topic*
die **Tiefkühltruhe, -n** *freezer*
das **Tier, -e** *animal*
der **Tierarzt, ¨e** *veterinarian*
der **Tipp, -s** *tip*
der **Tisch, -e** *table*
der **Titel, -** *title*
der **Toboggan-Schlitten** *toboggan sled*
die **Tochter, ¨** *daughter*
Toll! *Wonderful! Great!*
die **Tomate, -n** *tomato*
Topps! *Great!*
das **Tor, -e** *goal*
der **Torwart, -e** *goalkeeper*
total *totally*
das **Touristenziel, -e** *tourist destination*
die **Tradition, -en** *tradition*
die **Traditionsbrauerei, -en** *traditional brewery*
traditionsreich *rich in tradition*
tragen *to carry, to wear*
die **Traube, -n** *grape*
traurig *sad*
treffen *to meet*
das **Trick, -s** *trick*
trinken *to drink*
trocken *dry*
die **Trompete, -n** *trumpet*
das **Trompetensolo, -s** *trumpet solo*
tropfen *to drop*
tüchtig *hefty*
tun *to do*
die **Tür, -en** *door*
die **Türkin** *Turk (female)*
türkisch *Turkish*
typisch *typical*

die **U-Bahn, -en** *subway*
übel *bad*
üben *to practice*
über *about, above*
überall *everywhere*
überfliegen *to scan*
überlassen *to leave to*
überlegen *to consider, reflect on*
übermorgen *the day after tomorrow*
übernachten *to spend the night*
übernehmen: übernommen *to adopt: adopted*
die **Überraschung, -en** *surprise*
die **Überschrift, -en** *title*

die **Übung, -en** *practice, exercise*
die **Umgangssprache** *colloquial speech*
umsehen *to look around*
umsonst *for nothing*
die **Umwelt** *environment*
unbeantwortet *unanswered*
unbedingt *absolutely, by all means*
unbequem *uncomfortable*
und *and*
unecht *fake*
der **Unfall, ¨e** *accident*
ungefähr *approximately*
ungesund *unhealthy*
das **Ungetüm, -e** *monster*
ungewöhnlichsten *most unusual*
unordentlich *messy*
uns *us*
unser *our*
unterhalten *to entertain*
die **Unterhaltung: zur Unterhaltung** *for entertainment*
der **Unterricht** *instruction; lesson*
unterrichten *to teach*
unterscheiden *to distinguish*
unterwegs *enroute, on the way; on the road*
unzählig *innumerable*
die **Ursache, -n** *cause*
usw. (und so weiter) *etc. (et cetera)*

die **Vanillesoße, -n** *vanilla sauce*
der **Vater, ¨** *father*
der **Vegetarier, -** *vegetarian*
verbinden *to associate*
verdienen *to earn*
verehren *to admire, adore*
das **Verein, -e** *club, organization*
die **Vereinigten Staaten** *United States*
vergessen *to forget*
verheiratet *married*
verkaufen *to sell*
der **Verkäufer, -** *salesman*
die **Verkaufsbude, -n** *shopping kiosk*
der **Verlag, -e** *publishing house*
verlassen *to leave*
verlegen *embarrassed*
verlieren *to lose*
die **Vermutung, -en** *guess, hunch*
verrückt: jemanden verrückt machen *crazy: to drive someone crazy*
der **Vers, -e** *verse*
verschieden *different*
verschwinden *to disappear*
die **Version, -en** *version*
das **Verständnis** *comprehension*
verstehen *to understand*
versuchen *to try*
vertrauen *to trust*
vertreiben *to be put out of business*
verwandt *related to*
verzweifelt *desperate*
viel *many*
vielleicht *probably, perhaps*
das **Viereck, -e** *square*
vierte *fourth*
der **Viktualienmarkt** *outdoor market in Munich*
der **Vogel, ¨** *bird*
das **Volksfest, -e** *public festival*
das **Volksgut** *folklore*
das **Volkslied, -er** *folk song*
voll *full*
die **Vollgarantie** *full guarantee*
voneinander *from one another*
voraus *in advance*
vorausagen *to predict*
vorbei *past*
vorbeigehen *to walk by*
der **Vorderfuß, ¨e** *front leg*
vorhaben *to plan*
der **Vorhang, ¨e** *curtain*
vorlesen *to read aloud*
der **Vormittag** *(late) morning, before noon*
vorrausdenken *predict*
der **Vorschlag, ¨e** *suggestion*
vorschlagen *to suggest*
vorsichtig *careful*
vorstellen *to introduce*
die **Vorwahlnummer, -n** *area code*

das **Vorwissen** *prior knowledge*

wachsen: das Dorf wächst *to grow: the village grows*
der **Wagen** *vehicle*
wählen *to dial*
der **Wald, ¨-er** *woods, forest*
der **Wanderer, -** *wanderer*
wandern *to hike*
die **Wanze, -n** *bug*
die **Ware, -n** *article, commodity*
warm *warm*
warten *to wait*
warum *why*
was *what*
das **Wasser** *water*
wecken *to wake*
der **Weg, -e** *way*
weg: ich kann im Sommer nicht weg *away: I can't get away in the summer*
weggeben *to give away*
weglaufen *to run away*
weich *soft*
Weihnachten *Christmas*
die **Weihnachtsfigur, -en** *Christmas figure*
das **Weihnachtsgeschenk, -e** *Christmas present*
die **Weihnachtskatalog, -e** *Christmas catalogue*
der **Weihnachtsmann, ¨-er** Santa Claus
der **Weihnachtsmarkt, ¨-e** *Christmas market*
weil *because*
die **Weile** *while*
weinen *to cry*
die **Weißwurst, ¨-e** *type of sausage*
weit *far;* **von weitem** *from afar*
weiter *continue*
welch- *which*
die **Wellenlänge** *wavelength*
die **Welt, -en** *world*
weltberühmt *world famous*
die **Weltmeisterschaft, -en** *World Cup*
wenden *to turn*
wenig *little, few*
wenn *if; whenever*
wer *who*
werden: du wirst meine Frau *to become: you'll become my wife*
werfen *to throw*
die **Weste, -n** *vest*
der **Westen** *west*
die **Westseite** *west side*
der **Wettbewerb, -e** *competition*
das **Wetter** *weather*
der **Wetterfrosch, ¨-e** *tree frog, weather frog*
der **Wichtelmann, ¨-er** *elf*
wichtig *important*
widmen *to dedicate to*
wie *like, similar to*
wie viel *how many, how much*
wieder *again*
wiederholen *to repeat*
wiegen *to weigh*
die **Wiese, -n** *meadow*
der **Wies'nhit** *Octoberfest hit (song)*
die **Windrichtung, -en** *direction*
der **Winter** *winter*
der **Wipfel, -** *treetop*
wir *we*
wirklich *truly, really*
die **Witwe, -n** *widow*
der **Witwer, -** *widower*
der **Witz, -e** *joke*
die **Woche, -n** *week*
das **Wochenende** *weekend*
wohnen *to live, reside*
der **Wohnsitz, -e** *residence*
die **Wohnung, -en** *apartment*
das **Wohnzimmer, -** *living room*
der **Wolf, ¨-e** *wolf*
das **Wort, ¨-er** *word*
die **Wortschatzhilfe** *vocabulary help*
worum *what it is about*
wovon: Wovon handelt dieser Bericht? *What is this report about?*
wozu *for what*
wunderbar *wonderful*
die **Wurst, ¨-e** *sausage*
das **Würstl, -** *little sausage*
die **Wurstware, -n** *sausages*

zahlen *to pay*
zehn *ten*

die **Zeichnung, -en** *graphics*
zeigen *to show*
die **Zeit, -en** *time*
die **Zeitung, -en** *newspaper*
der **Zeitungsstand, ¨-e** *newspaper kiosk*
zerdrücken *to mash*
zerkratzen *to scratch*
zerreißen *to tear*
die **Ziege, -n** *goat*
das **Ziel, -e** *goal, destination*
ziemlich *rather*
das **Zimmer, -** *room*
das **Zitat, -e** *quotation*
der **Zorn: vor Zorn** *rage: with rage*
zu: zu Gold *to: into gold*
zur Welt *into the world*
die **Zucchini, -** *zucchini*
zuerst *first of all*
zufrieden *satisfied, pleased*
zugehen *to close*
das **Zuhause** *home*
zuhören *to listen to*
zuletzt *lastly, finally*
zunehmen: ich nehme nicht zu *to gain weight: I do not gain weight*
der **Zungenbrecher, -** *tongue twister*
zurück *back*
zurückfliegen *to fly back*
zusammen *together*
zusammenfassen *to summarize*
zusammengesetzt *joined together*
zusammenhalten *to hold together*
zusammenpassen *to go together*
der **Zuschauer, -** *spectator*
zweimal *two times, twice*
zweitausend *two thousand*
der **Zwerg, -e** *dwarf*
die **Zwiebel, -n** *onion*
zwingen *to force*
zwischen *between*

Answer Key

Kapitel 1

Vor dem Lesen: Übungen

❶ 4. a fairy tale

❷ 1. h 2. f 3. j 4. d 5. i
6. e 7. a 8. c 9. b 10. g

Beim Lesen: Rumpelstilzchen

A. Maria. She lives in the country.

B. My daughter can spin straw to gold.

C. She can't do that.

D. What will you give me if I spin this straw to gold?

E. So the dwarf will spin the straw to gold.

F. After she spins the second room full of straw to gold.

G. Her first child.

H. He marries Maria.

I. the child

J. She must guess his name.

K. She lists possible names for him.

L. He asks all over for names of dwarfs.

M. A little house, a fire, and a dwarf singing.

N. The messenger tells the queen about the dwarf.

O. No. He screams with rage and tears himself in two.

Nach dem Lesen: Übungen

❶ 1. b 2. c 3. b 4. a
5. c 6. b 7. b 8. c

❷ Suggestions: kann, wenn, habe, Name, etc.

❸ 1. Tochter
2. Frau
3. Stroh
4. weint
5. Zwerg
6. spinne
7. mein Armband
8. glücklich
9. wirst du meine Frau
10. dein erstes Kind
11. ihr Kind
12. wie ich heiße
13. Boten
14. Ach, wie gut, dass…
15. Rumpelstilzchen

Dies und das

❶ a. very dumb
b. strohblond
d. ein Strohmann

❷ kalt/kalt; arm/arm; weich

❸ When you start something, you must finish it.
The beginning is hard. You learn by asking.
As the question, so the answer.

❹ der Hering *(the herring)*

Kapitel 2

Vor dem Lesen: Übungen

❶ 1. kids playing sports
2. two boys
3. for example: Mathematik, Englisch, Tennis, beginnt, Ball
4. for example: Tennis – Tennisplatz, Ball – Korbball, Fußball, Fußballspiel

❷ 1. Schule – c. Schüler; school – person who goes to school, student
2. Tennis – d. Tennisplatz; tennis – tennis court
3. Tor – a. Torwart; goal – goalkeeper
4. spielen – b. Spiel; to play – play, here: game

Beim Lesen: Uli und der Sport

A. eleven; to school

B. He is not good at sports.

C. They are going to the tennis court.

D. the ball

E. He doesn't see the ball again.

F. They play basketball.

G. No.

H. They go home.

I. Uli is too small for this sport.

J. Saturday is the big soccer game at the Waldschule.

K. Martin arrives. He's a good soccer player.

L. I play only if Uli can play.

M. Uli catches the ball.

N. Yes, Uli catches all balls.

O. Uli, Uli…

P. He's good at soccer, and the fans scream „Hurra!"

Q. They carry a roll made of rubber.

R. He's jumping on it.

S. Martin says, "You're great. You're good at sports."

Nach dem Lesen: **Übungen**

❶ **1.** a **2.** b **3.** b **4.** c **5.** a
6. b **7.** b **8.** a **9.** b

❷ For example: Schüler; Gummiball

❸ **1.** Schüler
2. Mathe, Deutsch und Englisch
3. Halma
4. Schach
5. Sport
6. Tennisplatz
7. Netz
8. sieht
9. Korbball
10. Korb
11. Kopf
12. nach Hause
13. Fußballspiel
14. Tor
15. Bälle
16. gewinnt

Dies und das

No answers required.

Kapitel 3

Vor dem Lesen: **Übungen**

❶ For example:
1. growing
2. last name
3. distinguish

❷ **1.** d **2.** e **3.** b **4.** a **5.** c

Beim Lesen: **Wo wir wohnen, wie wir heißen**

A. Many hundred years ago.

B. They live in a small village.

C. Peter, Johannes, Stefan

D. The soil is very fertile.

E. Johannsen: son of farmer Johannes, Friedrichsen: son of farmer Friedrich

F. Stephan is strong: Kraft (strength)

G. from the baker, shoemaker, miller, and fisherman

H. Rheinländer – from the Rheinland; Bamberger – from Bamberg; Frankfurter – from Frankfurt

Nach dem Lesen: **Übungen**

❶ The missing words are: Häuser, Wald, Felder, fruchtbar, Kinder, Namen, Dorf, unterscheiden, Sohn, Johannsen

❷ **1.** Bäcker
2. Schuhmacher
3. Müller
4. Fischer
5. Maler

❸ **1.** Frankfurter
2. Hildesheimer
3. Augsburger
4. Brandenburger
5. Wiener
6. Bamberger

❹ **1.** father's first name, personal characteristics, professions, areas and cities
3. Suggested answers: some kept their names, some simplified the spelling (Müller – Mueller, Muller), some anglicized their names (Müller – Miller)

Beim Lesen: **Tiernamen in unserer Umgangssprache**

A. to make the language more interesting

B. a portable radio with a CD player

C. he paid 200 euros for the radio

Nach dem Lesen: Übungen

❶ 1. der Affe
2. Hund
3. Fuchs
4. Katze
5. Schwein

❷ 1. c 2. d 3. e 4. a 5. b

❸ 1. lebhafter
2. erstaunt
3. Euro, schlau
4. Glück, Geld

❹ 1. You are a silly goose.
2. You are usually as sly as a fox.
3. You bought a pig in a poke.

Dies und das

❸ 1. b 2. c 3. a 4. e 5. d

Kapitel 4

Vor dem Lesen: Übungen

❶ 1. on his back
2. teaches
3. eats
4. song
5. catch
6. jumps
7. croaks

❷ 1. f 2. g 3. d 4. a
5. b 6. e 7. c

Beim Lesen: Moritz, der Musikfrosch

A. books, notebooks, pens, paper, a pencil sharpener, pencils, and a ruler
B. He has an object for biology class in his backpack.
C. The homeroom teacher, and she teaches English.
D. Answers may vary.
E. His weather frog.
F. They greet Mr. König and sing.
G. No, Moritz is croaking along.
H. Peter sings well.
I. He eats seven flies.
J. I have my frog Moritz in my backpack.
K. He's tired; he's had seven flies.
L. All my little ducks…
M. He wakes up, jumps on Ms. Köstler's desk, out the window, and onto the street.
N. Mr. Lembke, the janitor, chases the frog.
O. Moritz sees a lake and jumps into the water.
P. He hops onto a lily pad.
Q. How beautifully the frog sings./Is it maybe a prince?

Nach dem Lesen: Übungen

❶ 1. b 2. c 3. a 4. c
5. b 6. c 7. c 8. c

❷ 1. D 2. E 3. C 4. A
5. B 6. F

❸ 1. g 2. f 3. e 4. a
5. b 6. h 7. d 8. c

Dies und das

❶ When the cat is away, the mice will play. He's all bark and no bite. When pressed, the devil will eat flies. If you want to catch the fox, you'll have to get up with the hens. You can be as old as a cow and still add to your knowledge every day. Better to have a bird in hand than two in the bush.

❷ frog croaks; dog barks; cat meows;
pig grunts; bird peeps; hen cackles;
bee buzzes

Kapitel 5

Vor dem Lesen: Übungen

1. about clothes
2. for example: T-Shirt – T-shirt; Sneakers – sneakers; Party – party; Sweatshirt – sweatshirt; konservativ – conservative; trendy – trendy; Secondhand-Läden – second-hand shops; Accessoires – accessories
3. for example: ultra-in — very much in; mega-out — out in a big way; eine Edel-Boutique — an exclusive/fancy boutique; jede Menge Moos — a lot of money; ich steh auf — I like; Euro hinblättern — to put down euros

Beim Lesen: Unsere Klamotten

A. The pants are made of pink satin; they are slightly flared.

B. She likes black T-shirts, also other colors, sometimes a cropped T-shirt. Today she wears a long T-shirt.

C. Her hair is so long.

D. Flats, no sneakers.

E. He's wearing his old jeans and a checked shirt.

F. His trendy jeans he wears only to parties.

G. He looks terrible, according to his mother.

H. He's wearing jeans and a sweatshirt.

I. Jeans or corduroy pants, shirt or T-shirt, mostly in blue or gray.

J. He wears white when he plays tennis with his father.

K. She likes modern, trendy stuff.

L. Her parents wanted her to wear Turkish clothes.

M. Her dad was in Turkey and saw women in modern dress.

N. He can't understand how some people dress.

O. old, conservative

P. He likes the layered look: T-shirt, shirt, vest, and jacket.

Q. Binh likes elegant things, things her mother also wears.

R. She finds skirts uncomfortable.

S. dresses, colorful clothes; She is a happy person.

T. Jeans, loose-fitting blouses, a necklace.

U. She got it from her grandmother.

V. She buys her clothes in second-hand stores. She doesn't shop in a boutique anymore; clothes are too expensive.

W. He wears sweaters, polo shirts.

X. He likes clothes from the seventies.

Y. She likes her leather jacket that she bought in Italy.

Z. She doesn't like to buy the "junk" that other people don't want anymore.

Nach dem Lesen: Übungen

❶ **1.** layered-look
2. Kultjeans
3. helle Sachen
4. weißes Outfit
5. handgemachte/Pullover
6. trendy
7. Schlag/Plateauschuhe
8. Blusen/Halsband
9. Haarschnitt

❷ **1.** Stirnband
2. Plateauschuhe
3. Frisör
4. Kopftuch
5. Secondhand-Läden
6. handgemacht

❸ **a.** The list will vary, but should include: T-Shirt, Party, Outfit
b. The list will vary. Possible answers: Plateauschuhe, Sneakers, Moos

❹ Answers will vary.

Beim Lesen: Wer stärker ist

A. They want to know who is stronger.

B. They see a man with a coat on.

C. Whoever forces the hiker to take off his coat is the stronger.

D. The wind blows and blows, trying to rip off the coat.

E. The sun shines warmly on the hiker.

F. The sun, because the man got so warm that he took off his coat.

Nach dem Lesen: Übungen

❶ **1.** b **2.** c **3.** a **4.** b
5. b **6.** c

Dies und das

❶ You may want to choose the color white: Weiß, weiß, weiß sind alle meine Kleider… …Weil mein Schatz ein Müller ist.

❷ Practice makes perfect. Nobody is perfect. Clothes make the man. Learn a lot, say little, hear everything. We don't study for school, we study for life. Learn a lot, know a lot. Learn it now, or learn it never.

Kapitel 6

Vor dem Lesen: Übungen

1. b 2. c 3. a 4. d
5. f 6. e

Beim Lesen: Sommerzeit ist Grillzeit

A. Die Grillmeister holen ihre Grillroste aus dem Keller.

B. Jeder vierte Haushalt hat schon einen Grill.

C. Auf Grillplätzen in Parks und an Flüssen; tabu sind Wald- und Naturschutzgebiete.

D. Die Mutter hat gekocht; Braten mit Kartoffeln und Kraut.

E. Wenn man die Hand nur zwei Sekunden zehn Zentimeter über dem Rost halten kann.

F. Wurst, Steak, Spareribs; Zucchini, Zwiebeln, Pilze und vieles mehr

G. über Nacht marinieren

H. Das Fett auf dem Feuer bildet Krebserreger.

Nach dem Lesen: Übungen

❶ Suggestions: Grillrost – grate; Grillgut – grilled item; Grillen – grilling; Grillplatz – grilling area; Grillgabel – grilling fork; Grillzange – tongs; Grilltipp – grilling tip

❷ 1. Grillroste
2. Höfen, Grillplätzen
3. Naturschutzgebiete
4. Strafe
5. Grillgabel, Grillzange
6. Holzkohle
7. Filetspieße
8. Pilze, Zwiebeln
9. mariniert, Gewürzen
10. Fett
11. Krebserreger
12. Papierhandtuch

❸ Answers will vary.

❹ Answers will vary.

Beim Lesen: Fastfood

A. Nein. Sie essen ungesund und immer schnell.

B. Sie machen eine Dose auf, greifen in die Tiefkühltruhe oder gehen in eine Imbissstube.

C. die schnellen Snacks

D. fast immer ein Fertiggericht

E. wie man eine gute Pizza macht

F. in der Schule/Chips und Schokolade

G. nur Fertiggerichte

H. Pommes und Pizza

I. meistens einen Salat/Sie macht Diät.

J. Hamburger mit Käse drauf und Pommes frites

K. Pizza, Hähnchen und vor allem Pommes

L. Er nimmt nicht zu.

Nach dem Lesen: Übungen

❶ 1. b 2. e 3. d 4. c 5. a
6. e 7. b 8. d 9. b 10. c
11. e 12. a 13. c 14. a 15. b

❷ 1. Fertiggericht
2. kochen
3. Reisgerichte
4. Gerichte/Spiegeleier
5. backen
6. italienische
7. Schule
8. Schokolade
9. Imbissstube
10. Diät
11. Möhren
12. knusprig

❸ 1. Fastfood/Fertiggerichte
2. meistens einen grünen Salat
3. Michael mag nicht kochen; Elena kocht einfache Gerichte; Karl-Uwe lernt kochen; Dagmar kann nur Fertiggerichte kochen.

❹ Answers may vary:
1. essen gesund: Elena (italienische Gerichte); Katarina (Salat mit Paprika, Möhren, Zwiebel, Radieschen)
2. es geht schnell; sie können nicht kochen

❺ Answers will vary.

Dies und das

❶ You are what you eat. The appetite comes while eating. You don't live in order to eat, but you eat in order to live. If you want to eat well, don't insult the cook.

❸ **bekommen** does not mean *to become* – Karl thought it was a cognate.

Kapitel 7

Vor dem Lesen: Übungen

1. aber
2. weil
3. aber, weil
4. aber

Beim Lesen: Keine Ferien! Wir müssen jobben!

A. Sie möchte nach Italien fahren, am Strand liegen und faulenzen.

B. Sie muss jobben.

C. Sie arbeitet als Rettungsschwimmerin.

D. Er hat einen Job, der mit alten Leuten zu tun hat.

E. Er geht zweimal in der Woche in ein Blindenheim.

F. Er muss den Leuten aus der Zeitung vorlesen.

G. Er hat in Deutsch eine Fünf und in Mathe eine Vier.

H. Er kann nicht in die Ferien fahren, zu seinen Großeltern in München.

I. Er muss zu Hause bleiben und Deutsch und Mathe büffeln.

J. Er macht einen Kurs.

K. Sie fährt mit ihren Eltern an den Bodensee.

L. Sie kommen einmal in der Woche auf dem Schulhof zusammen.

M. Ulla hat immer super Ideen für passende Melodien.

N. Sie möchten bald einmal die Lieder in einem Konzert singen.

Nach dem Lesen: Übungen

❶ Ich muss: selbst bezahlen; gehen, helfen; etc.

❷ **1.** liegen/faulenzen
2. verdienen
3. bezahlen
4. helfen
5. gehen/bringen
6. vorlesen
7. wiederholen
8. büffeln
9. machen
10. üben

❸ Nadine

1. d	**2.** e	**3.** b	**4.** c	**5.** a

Mark

1. b	**2.** e	**3.** d	**4.** a	**5.** c

Max

1. d	**2.** c	**3.** a	**4.** e	**5.** b

Julia

1. d	**2.** c	**3.** e	**4.** a	**5.** b

Gerd

1. d	**2.** c	**3.** e	**4.** a	**5.** b

❹ **1.** / **2.** / **3.** Answers will vary.

Beim Lesen: Wer singt mit?

A. Gitarre, Saxofon, Trompete, Schlagzeug

B. Sie sind bei Peter. Nächste Woche ist eine Party, und sie wollen spielen.

C. Peters kleiner Bruder

D. Katerina, Katerina

E. Fräulein Schwarz

F. Geh zu Fräulein Schwarz und sag, sie soll bitte aufhören.

G. Geh bitte zu Fräulein Schwarz!

H. Hansi, geh ans Fenster und sing „O, Susanne".

I. O Susanne, wie ist das Leben noch so schön.

J. Fräulein Schwarz kommt. Dein Lied ist sehr schön, aber du singst leider nicht sehr gut. Ich singe besser.

❶

1. F	**2.** F	**3.** R	**4.** R
5. F	**6.** F	**7.** R	**8.** R

❷ The correct sequence is:

1. F	**2.** J	**3.** E	**4.** B	**5.** D
6. A	**7.** G	**8.** C	**9.** H	**10.** I

Dies und das

Busch: Music is often not considered beautiful because it is always associated with noise.

Seidel: Music today is probably mankind's greatest nuisance.

Heyse: He who knows how to sing well is king of everyone's heart.

Seume: Settle down where there is singing; bad people don't know any songs.

Kapitel 8

Vor dem Lesen: Übungen

1. b **2.** a **3.** d **4.** c

Beim Lesen: Eine feine Nase

A. Da stehen viele Leute.

B. Sie schauen ins Schaufenster.

C. Wir kleiden Sie von Kopf…

D. immer nur ein paar Minuten

E. eine hübsche Figur

F. Sie macht ruckartige Bewegungen.

G. Sie ist rot im Gesicht; es sieht so aus, als ob sie niesen möchte.

H. Sie jubeln und klatschen in die Hände.

I. Er ist blond; er hat lockige Haare.

J. eine Schachtel Niespulver

K. Ich habe gesehen, dass im Schaufenster ein paar Luftlöcher sind.

L. Jetzt kleiden wir dich von Kopf bis Fuß neu ein.

M. Was werden die Eltern sagen!

N. Der Junge kann im Geschäft arbeiten, wenn er mit der Schule fertig ist.

Nach dem Lesen: Übungen

❶
1. los
2. Schaufenster/Leute
3. Figur/steht
4. Schild
5. erraten/Puppe/Mensch
6. Vorhang/macht
7. steif/Gesicht
8. niest
9. Hände
10. Haaren
11. Schachtel/Ladentisch
12. Löcher
13. Nase
14. Kopf/Fuß

❷ The correct sequence is:
1. F **2.** D **3.** J **4.** G
5. A **6.** I **7.** E **8.** C
9. K **10.** B **11.** H

❸ Answers will vary.

Beim Lesen: Eine neue Schlankheitskur

A. ein Schlankheitsmittel

B. ein Euro neunzig

C. für wen das Minimal ist

D. für Norbert, das Kaninchen

E. Es muss schlank sein. Der Vati möchte es schlachten, wenn es fett ist.

Nach dem Lesen: Übungen

❶
1. Drogerie
2. Münze/Ladentisch
3. Schachtel
4. Schlankheitsmittel
5. Drogist
6. Tagen
7. Woche/kauft
8. Vater/Mutter
9. mich
10. Kaninchen
11. schlank
12. fett/schlachten

❷ The correct sequence is:
1. D **2.** G **3.** I **4.** F **5.** A
6. B **7.** C **8.** E **9.** H

❸ Answers will vary.

Dies und das

❶ **a.** Man erreicht die Insel Helgoland von Hamburg aus über die Nordsee, nicht über die Ostsee.

b. Eine Tomate wiegt 120 g, und 6 Kirschen wiegen auch 120 g. Also wiegt eine Kirsche 20 g. Eine Orange wiegt soviel wie 10 Kirschen, also 10 mal 20 g, also 200 g. Eine Gurke wiegt so viel wie 2 Orangen, also 400 g und 2 Tomaten wiegen 240 g. Die Gurke wiegt also 640 g.

c. In 15 Jahren. Dann ist die Tochter 30 Jahre alt, und die Mutter 60, also doppelt so alt wie ihre Tochter.

❷ I think, therefore I am. I say little, but think more. It matters little what we write, but it matters a lot how we think. Leave thinking to the horses: they have bigger heads.

Kapitel 9

Vor dem Lesen: Übungen

1. f **2.** e **3.** a **4.** b
5. c **6.** d

Beim Lesen: München

A. fast 850 Jahre alt

B. das Millionendorf Deutschlands

C. Computerindustrien, Autofirmen, Flugzeugfirmen, Filmstudios, Verlage und viele andere Firmen

D. die Gemütlichkeit/das Barock/ die vielen künstlerischen Attraktionen

E. Theater, Museen, Bildergalerien, zwei Opernhäuser, drei Orchester

F. die gute Stube

G. Obst, Gemüse, Fisch, Fleisch, Käse, Gewürze, Blumen

H. Er war der Komiker Münchens.

I. Er schrieb grotesk-komische Szenen und führte sie mit Liesl Karlstadt auf.

J. eine bayrische Brotzeit

K. Erdäpfel, Knödl, etc.

L. wenn man Salz über den Radi streut

M. a Schweinshax'n mit Reiberknödel

N. Franz Josef Strauß Flughafen; 40 Kilometer nordöstlich der Stadt

O. eine Messestadt

P. das Oktoberfest

Q. der bayrische Kronprinz Ludwig und die Prinzessin Therese

R. für die Prinzessin

S. Hähnchen, Ochsen, Fische, Schweinswürstl

T. klasse Stimmung, die Leute schunkeln und singen

Nach dem Lesen: Übungen

❶
1. Millionendorf
2. Industrien
3. Herz
4. Gemütlichkeit
5. Attraktionen
6. die gute Stube
7. Rathaus/Frauenkirche
8. Viktualienmarkt
9. Karl Valentin
10. Weißwurst/Schweinswürstl
11. weinen
12. Flughafen
13. Modemesse
14. Oktoberfest
15. Ludwig/Prinzessin
16. Oktober
17. Menschen
18. Steckerlfische
19. Festhalle
20. schunkeln

❷ **1.** i **2.** d **3.** b **4.** g **5.** f
6. h **7.** a **8.** e **9.** c **10.** j

❸ Answers will vary:
1. fast 850 Jahre/1,3 Millionen
2. saubere Industrien
3. Theater, Museen, Bildergalerien, Opern, Musik
4. der Marienplatz
5. alles, was das Herz begehrt
6. sein Name ist Fey/er war ein Komiker
7. Weißwurst/Leberkäs
8. Erdäpfel-Kartoffeln/Brez'n-Brezel, etc.
9. ein Rettich/er muss „weinen"
10. a Schweinshax'n
11. Franz Josef Strauß Flughafen/40 km nordöstlich von München
12. das erste Oktoberfest war 1810/Kronprinz Ludwig heiratete die Prinzessin Therese, etc.

❹ Answers will vary.

Dies und das

No answers required.

Kapitel 10

Vor dem Lesen: Übungen

1. b **2.** d **3.** e **4.** c
5. f **6.** a

Beim Lesen: Freunde im Internet

A. Sie schickt E-Mails, sie surft im Internet, sie kann sogar chatten.

B. Karla ist fünfzehn; sie geht auf ein Realgymnasium in Hamburg.

C. in der Computer-AG

D. Sie lernt, wie man Computer benützt und wie vorsichtig man in der Cyberwelt sein muss.

E. Sie geht in ein Internetcafé. Die Chats dauern nicht lange.

F. Sie findet die meisten Gespräche im Netz blöd.

G. über die Schul-Webseite

H. Er ist siebzehn; er geht auf ein Gymnasium in München.

I. Er hat schon viele Jahre einen Computer.

J. Das Internet ist eine gute Möglichkeit, andere Leute kennen zu lernen.

K. Man sieht den Partner nicht.

L. Er liest einen interessanten Bericht über die Computer-AG an Karlas Schule.

M. Sie diskutieren über Schule und Sport, Filme und Musik, Umwelt und Politik.

N. Karla hat Humor. Sie schickt mir immer tolle Neuigkeiten aus Hamburg.

Nach dem Lesen: Übungen

❶ Computer, E-Mails, Internet, surfen, chatten, Cyberwelt, Netz, Internetcafé, Chats, Webseite, PC, Chaträume, Chatpartnerin: Almost all words are English words.

❷ **1.** F **2.** R **3.** F **4.** F
5. F **6.** F **7.** F **8.** R
9. R **10.** F **11.** R **12.** F

❸ **1.** c **2.** e **3.** a **4.** b
5. f **6.** d

❹ Answers will vary.

Beim Lesen: Fernsehmärchen Nr. 2

A. Sie sieht gerade fern.

B. Er will reden, aber sie sagt „psst".

C. zu seiner Tochter Ilse

D. Schön, dich mal wieder zu sehen.

E. Sie sieht fern.

F. Er geht wieder.

G. in einem entlegenen Dorf

H. Die Eltern haben einen Fernsehapparat.

I. Die beiden hören ihn gar nicht.

J. Er fährt nach Hause.

K. Er ruft Karl an, seinen besten Freund. Seine Frau sieht noch immer fern.

L. Er setzt sich in den Wagen, fährt zum Flughafen und fliegt zu Karl.

M. Herr B. ist höflich und redet nicht.

N. Tut mir Leid, jetzt muss ich wieder zurückfliegen.

Nach dem Lesen: Übungen

❶ **1.** c **2.** d **3.** b **4.** a

❷ The correct sequence is:
1. E **2.** F **3.** K **4.** L **5.** C
6. D **7.** A **8.** G **9.** H **10.** B
11. J **12.** M **13.** I

Dies und das

No answers required.

Kapitel 11

Vor dem Lesen: Übungen

Answers will vary.

Beim Lesen: Das Telefongespräch

A. der Weihnachtsmann

B. vom Nordpol

C. Die reist doch überall herum.

D. Sie möchten einen Schlitten zu Weihnachten, nicht?

E. einen Toboggan-Schlitten mit roten Sitzen für vier Personen

F. ein Schneemobil, 10 PS, Vollgarantie und mit Fahrer

G. nur in Flugzeugen

H. Emma Kunze

I. ein Wichtelmännchen

J. Sehr gut. Sie hatte noch nie einen Unfall.

K. 171145

L. das kleinste Schneemobil, aber ohne Fahrer

M. Otto, ich komme mit einem Schneemobil nach Hause.

N. Sie isst zu viel, und das ist nicht gut für ihre Figur.

O. Sie sägen, hämmern und singen den ganzen Tag.

P. ein Schneemobil für vier Personen, Luxusmodell, 30 PS, rot und silber, Vollgarantie, Fahrerin Emma und einen Gutschein für 200 Euro

Nach dem Lesen: Übungen

❶
1. Weihnachtsmann
2. Ferngespräch
3. Nordpol
4. Schlitten
5. Sitzen
6. Vollgarantie/Fahrer
7. Schneemobil
8. Motorrad/Unfall
9. Figur
10. verrückt
11. Angebot/Luxusmodell/Euro
12. Weihnachten/Jahr/legt/auf

Beim Lesen: Der junge Rechtsanwalt

A. Er ist jung, frisch von der Universität.

B. Groß und schön, alles ist neu.

C. auf seinen ersten Klienten

D. Der Rechtsanwalt ist sehr busy.

E. Der Mann ist klein, hat dunkle Haare, und er trägt eine Brille.

F. Der Rechtsanwalt muss noch ein Telefonat machen.

G. Er nimmt den Hörer ab und wählt eine Nummer.

H. mit Generaldirektor Schweizer

I. Er ist so busy, er kommt vom Telefon nicht weg.

J. Er ist der Techniker von der Telekom. Er möchte das Telefon anschließen.

Nach dem Lesen: Übungen

❶

1. g	**2.** k	**3.** o	**4.** b
5. e	**6.** f	**7.** j	**8.** p
9. i	**10.** l	**11.** d	**12.** m
13. h	**14.** c	**15.** n	**16.** a

Dies und das

❷ Small presents keep up a friendship. What's given is given. Don't look a gift horse in the mouth.

Kapitel 12

Vor dem Lesen: Übungen

1. g	**2.** e	**3.** a	**4.** b
5. f	**6.** c	**7.** d	

Beim Lesen: Die Bremer Stadtmusikanten

A. Der Mann will den Esel weggeben.

B. Sein Herr will ihn verkaufen.

C. Ich gehe nach Bremen. Komm mit mir und mach mit mir Musik.

D. eine Katze

E. Ihr Frauchen will sie ersäufen.

F. Geh mit uns nach Bremen.

G. einen Haushahn

H. Die Köchin soll ihn heute Abend schlachten.

I. Geh lieber mit uns fort. Du hast eine gute Stimme. Wenn wir zusammen musizieren, wird es gar herrlich klingen.

J. Sie können Bremen an einem Tag nicht erreichen.

K. Der Esel und der Hund unter einem großen Baum; die Katze klettert auf einen Ast, und der Hahn fliegt bis in den Wipfel.

L. einen Lichtschein

M. Die Herberge ist schlecht. Und der Hund hat Appetit auf Knochen.

N. ein hell erleuchtetes Räuberhaus

O. Er sieht einen gedeckten Tisch mit schönem Essen und schönen Getränken.

P. Der Esel stellt sich mit den Vorderfüßen aufs Fenster, der Hund springt auf des Esels Rücken, die Katze klettert auf den Hund und der Hahn setzt sich auf den Kopf der Katze.

Q. Sie machen Musik.

R. Die Räuber laufen vor Angst in den Wald hinaus.

S. Sie setzen sich an den Tisch, und jeder isst, was ihm am besten schmeckt.

T. Jeder sucht sich eine Schlafstätte.

U. Ein Räuber kommt zum Haus zurück.

V. Die Katze springt dem Räuber ins Gesicht; der Hund beißt ihn ins Bein; der Esel gibt ihm einen tüchtigen Schlag mit dem Hinterfuß; der Hahn ruft „Kikeriki!"

w. In dem Haus sitzt eine Hexe. An der Tür steht ein Mann mit einem Messer. Auf dem Hof liegt ein schwarzes Ungetüm. Auf dem Dach sitzt der Richter und ruft: „Bringt mir den Schelm her!"

x. Es gefällt den Tieren so gut, dass sie nicht mehr hinaus wollen.

Nach dem Lesen: Übungen

❶ a. 1. Graupferd
2. Packan
3. Bartputzer
4. gray horse, grabber, whisker cleaner

b. 1. Esel: alt, müde   Hund: alt, müde, er kann nicht mehr arbeiten   Katze: alt, Zähne sind stumpf, sitzt lieber hinter dem Ofen   Hahn: er schreit
2. Esel: der Mann will ihn weggeben;   Hund: sein Herr will ihn verkaufen, als Hundefutter; Katze: das Frauchen will sie ersäufen; Hahn: Köchin will ihn schlachten
3. Laute, Pauke

c. 1. einen Lichtschein
2. einen gedeckten Tisch mit schönem Essen und schönen Getränken
3. Der Esel stellt sich mit den Vorderfüßen aufs Fenster, der Hund springt auf seinen Rücken, die Katze klettert auf den Hund und der Hahn setzt sich auf den Kopf der Katze.
4. Der Esel schreit, der Hund bellt, die Katze miaut und der Hahn kräht.
5. Sie laufen in den Wald hinaus.
6. Der Esel legt sich auf den Mist, der Hund hinter die Tür, die Katze auf den Herd und der Hahn fliegt auf das Dach hinauf.

d. 1. Warum haben wir so Angst gehabt und sind weggelaufen?
2. Katze: Da sitzt eine greuliche Hexe, die hat mich angehaucht und mir das Gesicht zerkratzt   Hund: Da ist ein Mann mit einem Messer. Der hat mich ins Bein gestochen.   Esel: Ein schwarzes Ungetüm hat mit einem Holzprügel auf mich losgeschlagen.   Hahn: Auf dem Dach sitzt ein Richter und ruft: Bringt mir den Schelm her!

❷ 1. Esel/Hund/Katze
2. Gesicht/Regenwetter
3. Ofen/Mäusen
4. Köchin/Suppe
5. Musikanten/übernachten
6. Baum/Ast/Wipfel
7. einschlafen/Weg
8. Tisch/Getränken
9. Räuber/essen/trinken
10. hinauszujagen
11. Fenster/Rücken/springt/Kopf
12. schreit/bellt/miaut/kräht
13. Gespenst
14. Mist/Tür/Herd/Dach
15. kratzt/beißt/Schlag/ruft

❸ Answers will vary.

Dies und das

❷ 1. e   **2.** g   **3.** f   **4.** a
5. c   **6.** d   **7.** b

Photo Credits

Front/Back Cover: (boy), Sam Dudgeon/HRW Photo; (grass), Corbis Images; (mountains), Digital Imagery® copyright 2003 PhotoDisc, Inc.; (tree line), Corbis Images; (red building), Helga Lade/Peter Arnold, Inc.; (other buildings), George Winkler/HRW.

All photos by George Winkler/HRW Photo except:

Page iv (tl), CORBIS/Bettmann Archive; v (computer), Digital imagery® copyright 2003 PhotoDisc, Inc.; v (tr), © Ulrike Welsch; v (cr), Sam Dudgeon/HRW; v (br), Sam Dudgeon/HRW; v (bc), Victoria Smith/HRW; vi (bl), Musee d'Orsay, Paris, France/Erich Lessing/Art Resource, NY; vi (tr), AKG Photo, London; vii (l), © Ulrike Welsch; vii (br), CORBIS/Jack Fields; 1 (cr), CORBIS/Bettmann Archive; 8 (tr), Victoria Smith/HRW; 8 (br), Dover Publications, Inc.; 9 (c), CORBIS/Hal Brown; 17 (computer screen), Courtesy of Society for Computergenealogy, http://www.genealogy.net; 17 (br - computer), Digital imagery® copyright 2003 PhotoDisc, Inc.; 24 (tr), Dover Publications, Inc.; 32 (bc), Corbis Images; 32 (br), Corbis Images; 32 (bl), Corbis Images; 33 (br), Digital imagery® copyright 2003 PhotoDisc, Inc.; 42 (cl), Sam Dudgeon/HRW Photo; 43 (c), (c) Ulrike Welsch; 43 (bl), Sam Dudgeon/HRW Photo; 43 (bc), Sam Dudgeon/HRW Photo; 45 (cr), c) Stockbyte 45 (cl), Sam Dudgeon/HRW; 46 (tr), Sam Dudgeon/HRW; 46 (cl), Sam Dudgeon/HRW; 46 (br), Sam Dudgeon/HRW; 47 (tl), Victoria Smith/HRW; 47 (cr), Sam Dudgeon/HRW; 48 (tl), Sam Dudgeon/HRW; 48 (tc), Victoria Smith/HRW; 48 (tr), Sam Dudgeon/HRW; 48 (bl), Sam Dudgeon/HRW; 48 (br), Sam Dudgeon/HRW; 49 (cr), Sam Dudgeon/HRW; 53 (br), (c) Ulrike Welsch; 56 (cr), (c) Ulrike Welsch; 68 (orange), Digital imagery® copyright 2003 PhotoDisc, Inc.; 68 (cucumber), c) Stockbyte 68 (cherries), Digital imagery® copyright 2003 PhotoDisc, Inc.; 68 (tomato), Digital imagery® copyright 2003 PhotoDisc, Inc.; 68 (bl), Musee d'Orsay, Paris, France/Erich Lessing/Art Resource, NY; 73 (b), W. Hennies/FMG; 74 (tr), Courtesy of Landeshauptstadt Munchen; 74 (c), AKG Photo, London; 78 (br), Victoria Smith/HRW Photo; 79 (br), (c) Ulrike Welsch; 87 (c), Digital imagery® copyright 2003 PhotoDisc, Inc.; 87 (br), Horst Schafer/Peter Arnold, Inc.; 95 (br), CORBIS/Jack Fields.

Art Credits

Abbreviated as follows: (t) top, (b) bottom, (l) left, (r) right, (c) center.
All art, unless otherwise noted, by Holt, Rinehart & Winston.

Table of Contents: Page iv (tr), Samantha C. Smith; iv (bl), John Huehnergarth; iv (br), Samantha C. Smith; v (tr), Samantha C. Smith; vii (b), Samantha C. Smith.

Chapter One: Page 2, John Huehnergarth; 3, John Huehnergarth; 4, John Huehnergarth; 5, John Huehnergarth; 6, John Huehnergarth. **Chapter Two:** Page 10, Samantha C. Smith; 11, Samantha C. Smith; 12, Samantha C. Smith; 13, Samantha C. Smith; 14, Samantha C. Smith; 15, Samantha C. Smith; 16 (tr), Amanda Trimble; 16 (br), Samantha C. Smith. **Chapter Three:** Page 23, Amanda Trimble; 24, Graf von Pocci; 22, Eduard Bohm. **Chapter Four:** Page 26, Samantha C. Smith; 27, Samantha C. Smith; 28, Samantha C. Smith; 29, Samantha C. Smith; 30, Samantha C. Smith; 32, Michael Adams, Philip M.Veloric Representative; 31, Samantha C. Smith. **Chapter Five:** Page 38, John Huehnergarth; 39, John Huehnergarth; 40 (t), Charles Peale; 40 (cr), Eduard Bohm. **Chapter Six:** Page 50, Amanda Trimble. **Chapter Seven:** Page 57, Samantha C. Smith; 58, Samantha C. Smith; 60, Samantha C. Smith. **Chapter Eight:** Page 62, Samantha C. Smith; 63, Edson Campos. **Chapter Ten:** Page 80-81, Amanda Trimble; 84, John Huehnergarth; 86, Jeff Moore. **Chapter Eleven:** Page 88, Samantha C. Smith; 89, Samantha C. Smith; 90, Samantha C. Smith; 91, Samantha C. Smith; 93, Edson Campos; 94 (b), Jeff Moore. **Chapter Twelve:** Page 102, Amanda Trimble.